REVISTA DA BIBLIOTECA MÁRIO DE ANDRADE

REVISTA DA BIBLIOTECA MÁRIO DE ANDRADE

— 62 —

EDIÇÃO COMEMORATIVA 80 ANOS

BMA 80

imprensaoficial

Revista Biblioteca Mário de Andrade. São Paulo :
Departamento Biblioteca Mário de Andrade, 1992 –

Semestral.
Continuação, a partir de 1992, 50, de Boletim Bibliográfico.
Até 2003 publicação anual.
ISSN 0104-0863.

1. Literatura – Periódicos

CDD 805

REVISTA DA BIBLIOTECA MÁRIO DE ANDRADE
Volume 62, junho de 2006

BIBLIOTECA MÁRIO DE ANDRADE
Rua da Consolação, 94
01302-000 – São Paulo – SP
Tel. (11) 3256-5270

IMPRENSA OFICIAL DO ESTADO DE SÃO PAULO
Rua da Mooca, 1921 – Mooca
03103-902 – São Paulo – SP
Tel. (11) 6099-9800
www.imprensaoficial.com.br
e-mail: livros@imprensaoficial.com.br
SAC (11) 6099-9725 – Grande São Paulo
0800-0123 401 – Demais localidades

Sumário

Editorial

O reaparecimento da *Revista da Biblioteca Mário de Andrade* insere-se no projeto de recuperação física e institucional da maior biblioteca pública da cidade de São Paulo e detentora de um dos mais importantes acervos documentais do país –projeto que se delineia a partir da seguinte premissa: sem investimento do poder público municipal não haverá a imprescindível colaboração da iniciativa privada para a sua modernização.

Quem observar os índices de todas as publicações anteriores, reunidos nesta edição para facilitar trabalhos de pesquisa, verá que, ao longo da sua história, iniciada em 1943, o antigo e prestigiado *Boletim Bibliográfico*, transformado em *Revista* em 1992, sofreria inúmeras interrupções, além de diversas reformas gráficas que, de certa forma, colaboraram para a corrosão de sua personalidade editorial.

Sérgio Milliet, em 1966, ao saudar o relançamento da publicação, depois de seis anos de sumiço, não esconderia o ceticismo: "Infelizmente o destino das iniciativas de ordem cultural é quase sempre o mesmo: um enterro melancólico. Foi o do nosso *Boletim*. Morreu de repente, sem agonia sequer...".

De fato, prevaleceu no Brasil um desastroso descuido em relação à manutenção e ao desenvolvimento de suas instituições culturais. É ilustrativa, para não dizer constrangedora, a leitura do testemunho de Marilena Chauí: "Pisar no saguão da 'Mário' como alguém que deveria responder por ela, foi apavorante. Entrar, pela primeira vez, em seus recessos ocultos, descobrir a deterioração de suas dependências e equipamentos, a queda qualitativa e quantitativa dos acervos, a precariedade administrativa e de recursos, foi assustador". Alertava a ex-secretária de Cultura que, apesar das ações realizadas durante sua gestão, para a gigantesca tarefa de recuperação da BMA, "quatro anos são nada". Pois bem, mais de 15 anos depois daquela visita, o sentimento de decadência, por certo, seria ainda mais profundo.

Parece que a recomendação de Gabriel Naudé, de 1627, que a historiadora Lilia Moritz Schwarcz rememora, não habita o espírito dos governantes: "Não há nenhum meio mais honesto e seguro para adquirir uma grande fama entre os povos que construir belas e magníficas bibliotecas, para depois votá-las e consagrá-las ao uso público...".

Na magnífica Mário de Andrade, apesar do canibalismo que atingiu suas coleções, há um precioso acervo a preservar e a atualizar: que se criem, então, as condições necessárias para que possa crescer, caminhar com as próprias pernas e prestar, com a eficiência devida, os serviços que dela se esperam. Independentemente dos humores das autoridades orçamentárias e das cores ideológicas de quem alcança o poder municipal.

Este exemplar, comemorativo dos 80 anos de existência da Biblioteca Mário de Andrade e viabilizado pelo generoso e decisivo apoio da Imprensa Oficial do Estado, deve ser visto como um esforço, um primeiro passo, para o restabelecimento da *Revista* no cenário editorial de São Paulo.

É um delicioso desafio este: ser periódica, não episódica, a sua circulação; exercer função crítica, não laudatória. Para tanto, além do novo *design* gráfico de suas páginas, há um produto – o número 62 – que serve de amostra do que a publicação pode e almeja ser.

LUÍS FRANCISCO CARVALHO FILHO

Miscelânea

NOTÍCIAS DA BIBLIOTECA

Reforma administrativa

Com o Decreto nº 46.434, de 6/10/2005, que reorganiza parcialmente a Secretaria da Cultura, a Biblioteca Mário de Andrade (BMA) adquiriu status de departamento, e, assim, maior autonomia administrativa. É um passo decisivo na direção de sua recuperação institucional e de uma reforma estrutural mais profunda, capaz de modernizar seus métodos de gestão. A BMA contará com um Conselho Consultivo, presidido por seu diretor e composto pelo coordenador do Sistema Municipal de Bibliotecas, por cinco representantes da comunidade editorial, literária e cultural e por dois funcionários eleitos por seus pares. O Sistema Municipal de Bibliotecas, instituído na mesma ocasião, tem a atribuição de estabelecer diretrizes políticas e objetivos para as bibliotecas públicas da cidade de São Paulo.

Restauro e modernização

Elaborado pelo escritório Piratininga Arquitetos Associados, o "Plano Integrado de Recuperação e Modernização do Edifício da Biblioteca Mário de Andrade", a ser efetivado com recursos do BID, prevê a construção de uma plataforma de acesso pela Praça Dom José Gaspar e de uma conexão entre os *halls* da Rua da Consolação e da Avenida São Luís, a trans-

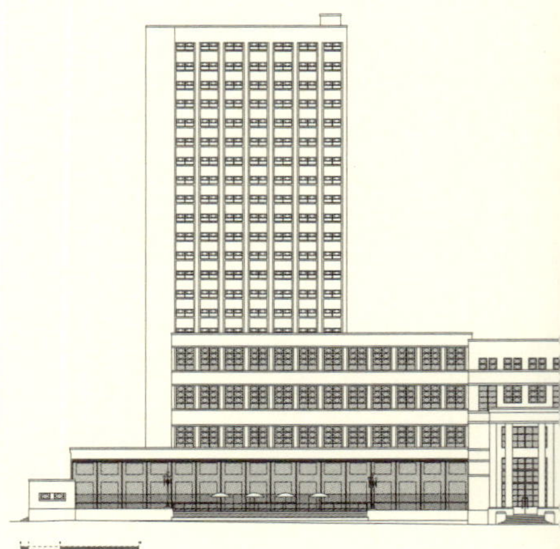

ferência da biblioteca circulante para a atual sala de leitura, no térreo, e a criação de um espaço especialmente destinado ao atendimento de pesquisadores. Além do restauro de sua fachada e da impermeabilização de suas lajes de cobertura, o edifício da BMA, inaugurado em 1942 e tombado pelo patrimônio histórico, receberá novas redes de infra-estrutura.

O início da reforma está previsto para o segundo semestre de 2006. O projeto tem como pressuposto a ampliação de espaço para a guarda e conservação do acervo de periódicos, possível em virtude da cessão do edifício localizado na Rua Bráulio Gomes (antiga sede do IPESP) pelo governo do Estado de São Paulo, formalizada pelo Decreto nº 50.507/06.

Plantas e maquetes da Biblioteca Mário de Andrade

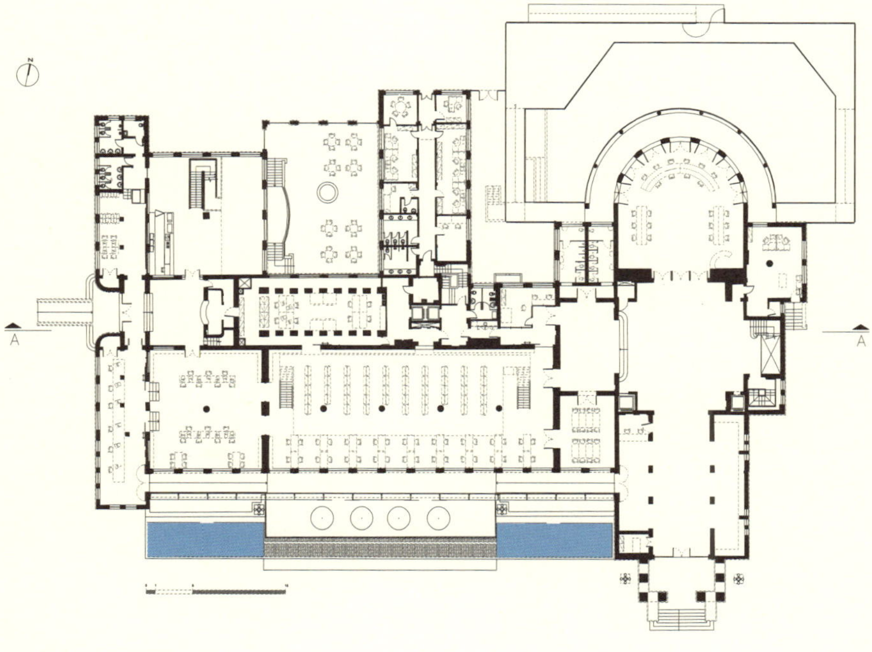

Circulante

A Biblioteca Circulante, hoje localizada na antiga sede da Chácara Lane (Rua da Consolação, 1.024), terá seu acervo de aproximadamente 30 mil volumes inserido no catálogo eletrônico da Prefeitura em 2006 (Sistema Alexandria). A força-tarefa, sob a coordenação de Teresinha Spaukauskas, do Sistema Municipal de Bibliotecas, promove a revisão manual de todo o acervo, separação de obras danificadas para conserto, descarte ou substituição, inserção no banco dados e etiquetagem com código de barras. Os trabalhos começaram com o tratamento das obras de literatura e permitirão a utilização de um serviço de empréstimo informatizado.

Memória oral

Parte integrante do programa de revitalização institucional da BMA, está em curso um projeto de Memória Oral, sob a coordenação da historiadora Daisy Perelmutter, com o objetivo de preservar e corporificar seu patrimônio imaterial. Além de antigos funcionários da biblioteca, tiveram seus depoimentos registrados o cineasta Ugo Giorgetti, o filósofo José Arthur Giannotti, o presidente Fernando Henrique Cardoso, a professora Ruth Cardoso e o professor Michael Hall. O projeto prevê uma próxima fase com 45 depoimentos.

80 anos

A Mário de Andrade, instalada em 12 de janeiro de 1926 como biblioteca pública, a partir do acervo da Câmara Municipal, ganha marca criada pelo publicitário Francesc Petit e desenvolvida pela agência DPZ.

Vitae

Em 2005, a Vitae – Apoio à Cultura, Educação e Promoção Social patrocinou projeto, gerenciado pela Associação de Amigos e Patronos da Biblioteca Mário de Andrade, para aquisição de duas leitoras e uma copiadora de microfilme e sete aparelhos *data logger* para medição simultânea de temperatura, umidade do ar e luminosidade em andares da torre destinados à guarda de livros e periódicos. A Vitae patrocina, ainda, consultoria técnica para a revitalização da BMA, realizada por especialistas nas áreas de controle ambiental (Franciza Toledo), segurança (Rosária Ono) e gerenciamento de acervo (Ingrid Beck).

Amigos da Biblioteca Mário de Andrade

A Associação de Amigos da Biblioteca Mário de Andrade, entidade fundamental para a viabilização de projetos patrocinados pela iniciativa privada, passa a ser dirigida por Maria Eugênia da Silva Telles, Fernando Teixeira Mendes, Marcos Renaux e Taís Gasparian.

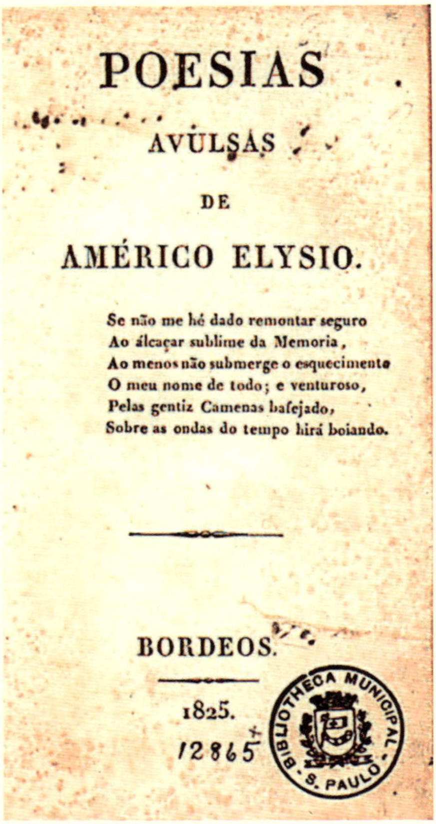

POESIAS

AVULSAS

DE

AMÉRICO ELYSIO.

Se não me hé dado remontar seguro
Ao alcaçar sublime da Memoria,
Ao menos não submerge o esquecimento
O meu nome de todo; e venturoso,
Pelas gentiz Camenas bafejado,
Sobre as ondas do tempo hirá boiando.

BORDEOS.

1825.

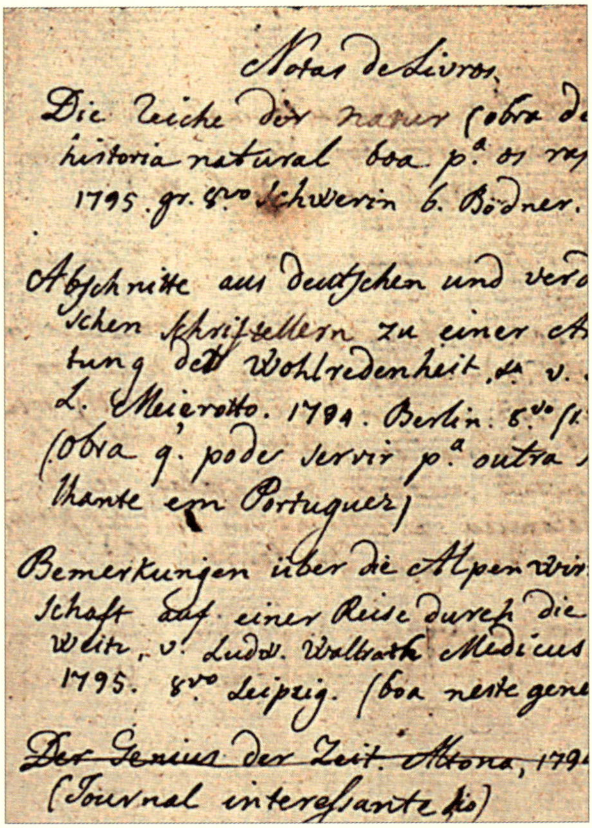

Notas de Livros.
Die Reiche der Natur (obra d
historia natural boa p.a os r
1795. gr. 8vo Schwerin b. Bödner.

Abschnitte aus deutschen und ver
schen Schriftstellern zu einer A
tung der Wohlredenheit, v.
L. Meierotto. 1794. Berlin. 8vo
(obra q. pode servir p.a outra
thante em Portuguez)

Bemerkungen über die Alpenwir
schaft auf einer Reise durch die
Welt, v. Ludw. Wallrath Medicus
1795. 8vo Leipzig. (boa neste gen

~~Der Genius der Zeit. Altona~~, 179
(Journal interessante)

Anotações e fac-símile da página de rosto do único volume de poesia de José Bonifácio, sob o pseudônimo de Américo Elysio

José Bonifácio

Em 2005, a BMA firmou termo de compromisso com a Mameluco Produções Artísticas Ltda. para a digitalização de documentos e obras relativos ou da lavra de José Bonifácio de Andrada e Silva existentes em seu acervo. O projeto da Mameluco, registrado no PRONAC – Programa Nacional de Cultura do Ministério da Cultura sob o nº 04.6485, resultará no desenvolvimento de *site* que abrigará a obra completa de José Bonifácio. Em contrapartida, a Mameluco viabiliza, com profissionais terceirizados, o processamento técnico de obras editadas no exterior e adquiridas para a BMA em 1992 pela FAPESP, no âmbito do projeto FAPLIVROS, que ainda se encontravam encaixotadas e sem tratamento. Em 2006, o acervo estará inserido no catálogo eletrônico da Prefeitura, à disposição do pesquisador.

Diabo Coxo

Lançada no início de 2005 pela Edusp, a edição fac-similar do *Diabo Coxo*, jornal domingueiro que circulou em São Paulo em 1864 e 1865, ilustrado por Ângelo Agostini e redigido por Luís Gama. A obra faz parte da coleção "Ad litteram: São Paulo em Fac-símile", dirigida por Ana Maria de Almeida Camargo. Os originais fotografados – a única coleção completa do *Diabo Coxo* existente – pertencem ao setor de Obras Raras da BMA.

Pinacoteca

Em dezembro de 2005 foi lançado o catálogo da Pinacoteca Municipal de São Paulo com patrocínio do Banco Safra S/A. A coleção de obras de arte da cidade foi em grande parte formada a partir da criação, em 1945, por Sérgio Milliet, da Seção de Artes da BMA. O precioso acervo formado pela biblioteca durante a sua gestão, essencialmente modernista, pertence hoje à Pinacoteca Municipal e está localizado no Centro Cultural São Paulo. Ao lado, retrato de Mário de Andrade por Flávio de Carvalho.

Calendário

Alunos da primeira turma do Istituto Europeo di Design realizaram, em 2005, sob a coordenação de Vincenzo Scarpellini, estudos na Biblioteca Mário de Andrade. Tiveram acesso ao acervo de obras raras e produziram um calendário comemorativo dos 80 anos da biblioteca. O trabalho dos estudantes destaca algumas preciosidades do acervo da BMA, como o *Pequeno Oratório de Santa Clara* (ao lado), uma caixa de madeira pintada a mão pelo artista Manuel Segalá, contendo exemplar do poema de Cecília Meireles (publicado originalmente com o título "Recitativo"). O calendário reproduz outras edições raras – como *News from Nowhere*, texto utópico publicado pelo tipógrafo socialista William Morris em 1892, ou as pranchas com desenhos dos naturalistas alemães Spix e Martius, que no século XIX registraram a flora e a fauna brasileiras. Além disso, mostra a evolução de tendências experimentais do *design*, com a reprodução da capa de *Jogos Pueris*, de Ronald Carvalho (livro de 1926 que teve edição de apenas 40 exemplares), e dos *Poemobiles* (1974), "objeto gráfico" feito em parceria por Augusto de Campos e Julio Plaza.

Colégio de São Paulo

O Colégio de São Paulo realizou no primeiro semestre de 2006 os ciclos "Malditos", sob a coordenação de Cláudio Willer, sobre autores insubmissos e transgressivos, cuja obra foi marcada pela incompreensão e pela censura, e "Literatura Russa pelo Prisma do Amor", coordenado por Elena Vássina, professora de Letras Russas na FFLCH/USP. Em parceria com a SBPC, foi promovido, ainda, o ciclo "Ciência na Mário de Andrade" com palestras de professores de diversas universidades paulistas.

Literatura e vestibular

A Mário de Andrade promove ciclo de palestras sobre obras literárias indicadas para exames de vestibular. As aulas são proferidas por professores da PUC/SP e destinadas a alunos da rede pública de ensino. Em 2005, realizado entre 4 de junho e 15 de outubro, o ciclo de 18 palestras contou com um público total de 4.462 estudantes.

Comendador Peçanha

A BMA cedeu o auditório em 2005 para ensaios semanais da Companhia Zaum, dirigida por Cássio Santiago, e foi o palco de três apresentações do grupo. Em "Comendador Peçanha" (abaixo, cartaz e foto do espectáculo), as fronteiras são móveis porque são constantemente atravessadas por multiplicidades: performance, psiquiatria, biologia, re-inserção social, artes plásticas, conscientização política, fotografia, vídeo, mídias eletrônicas, psicologia, música, dança, poesia, teatro. O programa informa: "É um *work in process* que se vale de procedimentos caros da cena contemporânea, não apenas no âmbito da crítica social e política, mas, sobretudo, no fazimento de um teatro 'às avessas', fugindo do placo italiano e solidário às conquistas da arte moderna e das encenações de vanguarda".

Fortuna Crítica

Nas páginas da revista *Clima*, nos anos 40, o então jovem crítico Antonio Candido teve uma atuação extremamente importante comentando e analisando a obra de vários escritores jovens. Seus textos procuravam ir fundo no assunto e algumas vezes o crítico não escondia suas apostas. Porém, ao olhar os 16 números da revista, percebe-se que havia um aparente descompasso entre a crítica de Candido, marcada pelas conquistas modernistas e pela figuração da realidade brasileira, e os poemas publicados na revista, que retomavam temas clássicos e voltavam a apostar numa estética do sublime.

Poesia no Calor da Hora

HEITOR FERRAZ MELLO*

Hoje em dia poucos se lembram de Bueno de Rivera, de Rossine Camargo Guarnieri, de Oswaldo Alves e tantos outros autores que, com o tempo, acabaram sendo esquecidos. Alguns, por exemplo, como Antônio Fraga, Campos de Carvalho, foram recuperados muitos anos depois, numa reedição, num ensaio crítico. Os críticos, no calor da hora, fazem suas apostas, mas não podem se responsabilizar pelo desaparecimento posterior de um autor. Não cabe a eles fazer a obra, mas sim recebê-la, comentá-la e apontar suas linhas de força.

Bueno de Rivera, por exemplo, ganhou um artigo – que ficou importante – do crítico Antonio Candido, na revista *Clima*, periódico que circulou de 1941 a 1944 e teve 16 números. A revista foi uma das mais importantes da história da cultura brasileira no século vinte. O mesmo crítico, ainda na casa dos 20 anos, aplaudiu o romance de estréia do mineiro Oswaldo Alves, um nome hoje totalmente à margem (seu romance, *O homem dentro do mundo*, chegou a ser republicado nos anos 80).

Não se pode cobrar de um crítico seus acertos e erros. A bola de cristal nunca esteve na escrivaninha da crítica literária. Mas seus ensaios e resenhas, que também acabam esquecidos nas páginas ama-

* Heitor Ferraz Mello é jornalista e poeta, autor do livro *Coisas imediatas [1996-2004]* (Coleção Guizos, Editora 7 Letras), 2004.

reladas e quebradiças de jornais e revistas (quando não vão para o livro, claro), ajudam a compreender o caminho empreendido, as opções e escolhas em determinado momento. São tão vivos quanto um romance ou um poema. E retratam o próprio calor da hora e as forças complexas que estavam em cena.

Ao se folhear os 16 números da coleção da revista *Clima*[1], percebe-se claramente as escolhas que Antonio Candido, o responsável pela página de livros, fez naquele momento inicial de sua carreira como crítico literário, quando ele nem sabia ainda (nem tinha como) que se tornaria uma das mais importantes referências na história da literatura brasileira. Uma literatura começa a minguar quando seus autores já não encontram ecos nas páginas de crítica, quando tudo que fazem se torna apenas um "informativo de lançamento", sem nenhum comentário mais profundo – uma resenha que se parece mais com um texto de publicidade do que de crítica.

Nas páginas de *Clima*, Candido teve uma atuação extremamente importante na formação de vários escritores jovens, comentando suas obras e a relação delas com o momento histórico. Seus textos procuravam ir fundo no assunto. Porém, ao olhar a revista em seu conjunto, percebe-se que havia um aparente descompasso entre a crítica objetiva e analítica e os poemas extremamente abstratos que eram publicados ali. Se a crítica literária era marcada por uma pesquisa de formação de uma literatura nova no Brasil, principalmente pela presença do modernismo nas obras literárias analisadas, os poemas pareciam seguir por outro caminho: buscavam o sublime, retomavam velhos temas clássicos, como Amor e Morte, grafados em maiúscula, e chegavam carregados de imagens como mar, água, praia, búzios, mistérios – tudo muito distante do dado concreto da realidade, da referência à peculiaridade da vida nacional como se via em poemas de Oswald e Mário de Andrade, ou nos poemas dos grandes autores de 1930, como Carlos Drummond de Andrade e Murilo Mendes.

Difícil dizer se havia mesmo um descompasso, já que toda aquela poesia, muitas vezes ornamental, era um reflexo da época e tinha como veio principal a influência do próprio Modernismo, e de seus

1. Os números de 1 a 15 da revista *Clima* podem ser consultados na Biblioteca Mário de Andrade, na seção de Periódicos.

Reproduzido de *Destinos mistos*, Heloisa Pontes, Companhia das Letras

Antonio Candido (à esq.), Décio de Almeida Prado e Érico Veríssimo (ambos em mangas de camisa, à direita), em encontro em São Paulo, 1940.

desdobramentos. Numa entrevista nos anos 90, o poeta Haroldo de Campos, certamente movido por divergências estéticas (e políticas), dizia que *Clima*, que havia sido fundada nos anos 40 por alunos da Faculdade de Filosofia, Ciências e Letras da USP, escolhera como poeta nacional Augusto Frederico Schmidt, com seus versos caudalosos e repetitivos, que beiravam o derramamento lírico; dizia ainda que um certo crítico, que ele preferia não mencionar o nome, apresentou na revista o poeta Rossine Camargo Guarnieri como um "futuro Drummond" (o que, na verdade, ao consultar a coleção de *Clima*, não chegou a acontecer, e a memória deve ter traído Haroldo de Campos, mas a alfinetada não perde seu interesse, pois em 1943, num depoimento dado ao jornalista Mário Neme, Candido citava Rossine como o "único verdadeiro poeta" de São Paulo, naquele momento).[2]

O crítico, como já se disse, era Antonio Candido, na época com vinte e dois anos. Ele tinha sido escolhido, por seus amigos, para ser o responsável pela seção de livros da revista. *Clima* nasceu nas conversas de um grupo de estudantes da Faculdade de Filosofia. Inicialmente, como chegou a contar Candido, anos mais tarde, a idéia era fazer uma revista pequena, de circulação restrita. Porém, o dramaturgo e

2. *Epifanias poéticas*, entrevista com Haroldo de Campos, feita por José Guilherme Ferreira e Manuel da Costa Pinto, no número 13 da revista *Cult*, de agosto de 1998.

crítico teatral Alfredo Mesquita, que já era formado em Direito, começou a freqüentar a faculdade como ouvinte e lá se aproximou do grupo formado por Candido, Décio de Almeida Prado, Paulo Emílio Salles Gomes, Lourival Gomes Machado, Gilda de Moraes Rocha, Ruy Coelho e outros.

Mais velho, tarimbado, irmão de Júlio Mesquita Filho, que era diretor de *O Estado de S. Paulo*, Alfredo foi uma espécie de entusiasta e patrono de *Clima*. Ele viabilizou a revista e propôs que ela tivesse uma tiragem mensal. Segundo contou Candido, numa palestra nos anos 70, Mesquita achava que eles eram "capazes de dizer e fazer alguma coisa no campo da cultura".[3] Durante umas férias de faculdade, o dramaturgo e Lourival Gomes Machado começaram a dar andamento ao projeto. Quase todos do grupo estavam viajando. Candido estava na casa dos seus pais, em Minas; Décio de Almeida Prado estava nos Estados Unidos; Gilda de Moraes Rocha (que depois se casou com Candido e passou a assinar Gilda de Mello e Souza) passava férias em Araraquara; Ruy Coelho em Campos de Jordão. "Eles foram comunicados à distância sobre a data provável da estréia da revista e sobre as seções que ficariam encarregados de produzir", como relata Heloisa Pontes, no livro *Destinos mistos: Os críticos do Grupo Clima em São Paulo*.[4]

Todos receberam cartas de Mesquita e Lourival Gomes Machado falando sobre a revista, ainda sem nome, e indicando quem ficaria responsável por cada seção. Candido, que era estudante de Sociologia, acabou sendo escolhido para a seção de Livros, por causa de sua própria ligação com a literatura (o crítico certa vez chegou a comentar que foi educado entre livros e que na casa dos seus pais havia duas bibliotecas, uma de seu pai e outra, de sua mãe); Décio de Almeida Prado, que já tinha feito teatro amador, ficou com teatro; Paulo Emílio Salles Gomes, que tinha passado uma temporada na França e lá acompanhou com grande interesse a produção cinematográfica da época, ficou com a seção de Cinema; Artes Plásticas ficou com Lourival Gomes Machado; Música, com Antonio Branco Lefèvre; e Ciências com Marcelo Damy de Sousa Santos. Os outros colegas,

3. Candido fala sobre a revista no texto "Clima", publicado no livro *Teresina etc.*, Editora Paz e Terra, 1980.

4. Em *Destinos mistos: Os críticos do Grupo Clima em São Paulo* (Companhia das Letras), a antropóloga faz um bonito estudo sobre a geração de intelectuais da revista Clima.

Reproduzido de *Destinos mistos*, Heloisa Pontes, Companhia das Letras

Retrato dos integrantes de *Clima*, em 1946. Da esquerda para a direita, sentados: Alfredo Mesquita, Antonio Candido e Lourival Gomes Machado. De pé: Antonio Branco Lefèvre, Décio de Almeida Prado, Paulo Emílio Salles Gomes e Roberto Pinto de Souza

como Gilda de Mello e Souza e Ruy Coelho, entraram como colaboradores, assinando artigos em várias áreas (Gilda chegou a publicar alguns de seus contos na revista).

Claro que a escolha não era arbitrária e seguia, de certa forma, os gostos e os interesses de cada um. Hoje, pode se ver que a revista determinou o futuro de muitos deles, como foi o caso de Candido, Décio e Paulo Emílio, uma trinca de ases da crítica cultural brasileira. Como disse Candido, "fui apenas informado, inclusive da atribuição que teria grande importância no meu futuro, pois de certo modo Alfredo e Lourival me definiram como crítico literário".

Já o título da revista, como contou Gilda de Mello e Souza a Heloísa Pontes, também surgiu por acaso. Eles já tinham tentado vários nomes, mas nenhum agradava muito. Um dia, saindo de um café no centro da cidade, Lourival viu um cartaz de uma loja onde se lia, em letras grandes e em francês, *Climat*. "Lourival apontou o dedo e disse: olha lá o nome da revista". O acaso ajudou, e muito, pois a revista tinha mesmo a intenção de refletir, no campo das artes, o clima da época, as idéias presentes, como fica claro no editorial do primeiro número, escrito, segundo testemunham os criadores de *Clima*, por Alfredo Mesquita.

Neste texto, ele dizia que *Clima* havia nascido sem nomes "consagrados nas letras, artes e ciências" e que seria uma revista "feita por gente moça e para gente moça, mas que deve e pretende ser lida pelos mais velhos". No primeiro ensaio de Antonio Candido, que, na verdade, é o pontapé inicial de sua carreira de crítico, ele retoma esta idéia de Mesquita dizendo que o grande desejo deles é "ver as coisas com a maior honestidade possível e, afastando igualmente o preconceito de louvar e o de demolir, mostrar que, ao lado do ponto de vista das críticas consagradas, há lugar para o modo de ver dos moços". Mais adiante, ele ainda dirá: "Talvez seja útil o depoimento de moços sobre moços".

Este "modo de ver" a literatura também é esclarecido neste primeiro texto, escrito já num estilo próprio, com certo prazer no correr da pena e no comentário livre e aberto: "Uma crítica é a expressão de um certo julgamento em relação a uma obra: até aí morreu o Neves. Uma crítica, entretanto, que se queira ater apenas ao fenômeno individual do escritor em questão, sem relacioná-lo organicamente com o complexo de idéias que caracterizam o momento social, me parece insuficiente e mesquinha. O escritor, embora ressalvadas suas qualidades puramente pessoais, reflete sempre um estado de alma e de espírito mais ou menos geral. E o crítico pode colocar-se em face do escritor ou em face da realidade complexa do escritor-meio. Creio poder dizer que esta é a nossa tendência. De qualquer maneira, crítica que se nega a ver no autor uma entidade independente; que pretende sentir as suas ligações profundas com o tempo, com o grupo social em função do qual trabalha e cria".

Para Candido, então, uma coisa era certa: a obra de um autor deveria ser lida em seu contexto, e não como uma coisa isolada. Esta característica, com a preocupação de sua vinculação social, será uma espécie de marca d'água de toda a sua crítica desde este primeiro artigo. Para iniciar seu trabalho, ele começa avaliando primeiro o mercado de livros e percebe que havia uma espécie de febre de traduções de romances com títulos estrondosos, "próprios para a publicidade". Já a produção romanesca brasileira não vivia seu melhor momento. Era "anêmica" e "rala". Neste texto, ele comenta rapidamente *Saga*, de Veríssimo, mas sem grande animação e fala, aí sim com entusiasmo, do romance *Um homem dentro do mundo*, do mineiro Oswaldo Alves, autor hoje praticamente esquecido e desconhecido.

No campo da poesia, elenca quatro lançamentos importantes de 1940, "quatro vozes que encheram o ano de ecos eternos": Adalgisa Nery, Augusto Frederico Schmidt, Carlos Drummond de Andrade e Manuel Bandeira. No caso de Bandeira, ele chega a mencionar alguns poemas que "ficarão entre os melhores da nossa língua: 'Maçã', 'Água Forte', os dois 'Sonetos Ingleses', e a 'Canção de Muitas Marias'". Sobre Drummond, Candido o destaca como uma das melhores vozes da poesia brasileira, mas não comenta o livro *Sentimento do mundo*, pois apenas leu os poemas num exemplar emprestado e teve de devolvê-lo, sem ter tido tempo de tomar notas (a edição era pequena e de circulação restrita). Mas, sem dúvida, é a partir daí que Drummond entra no universo de referência do crítico, e não faltará oportunidade para citá-lo, sempre que possível.

No final deste artigo, Candido faz sua primeira aposta. Uma aposta que hoje pode parecer estranha. Ele comenta a publicação de uma antologia da Faculdade de Direito, *Poesia sob as Arcadas*, organizada por Ulisses Silveira Guimarães, que era estudante na época. "Será talvez ousado prognosticar desta amostra, e de pouquíssimas outras que conheço, o futuro de um poeta. Creio, porém, que quem escreveu 'Propiciação' tem alguma coisa a mais a dizer; e é com fé que termino esta crônica inicial saudando Péricles Eugênio — rapaz de vinte e um anos, pelo que leio na nota biográfica que acompanha o poema — um esplêndido poeta que se revela". O poema de Péricles Eugênio da Silva Ramos chegou a ser publicado no número 4 da revista.

Não dá para afirmar que o prognóstico estava errado, pois seria entrar no terreno escorregadio do gosto literário e da intuição. Mas é curioso como alguns anos depois, em 1948, convidado a participar do I Congresso Paulista de Poesia, organizado pelo grupo da *Revista Brasileira de Poesia*, do qual Péricles fazia parte, o jovem crítico apontaria os problemas da poesia brasileira recente, que ele caracterizaria como "especiosismo poético".[5] "Propiciação", com suas imagens, seu tom que tende ao clássico, seu "falso essencial", para usar uma expres-

5. O discurso de Candido foi publicado no livro *Textos de intervenção*, organizado por Vinicius Dantas, Duas Cidades/Editora 34, 2002. Muitos dos tópicos deste discurso já haviam aparecido em alguns de seus artigos no *Diário de S. Paulo*, particularmente em "Percalços do infinito", em 1946, e que foi republicado no número 6 da revista *Literatura e Sociedade*, do Departamento de Teoria Literária e Literatura Comparada, da USP, em 2001-2002.

são de Mário de Andrade, procura fugir de imagens cotidianas para se agarrar em imagens mais universais, porém com um apego retórico que raramente se encontra nos poetas de 22 e 30:

Por fim choveu:
A seca abrasadora terminou,
E nas águas dissolve-se a amargura das coisas.

Atenta, ó companheira de beleza enlouquecida pelo sol,
Dispensadora das recusas taciturnas:
As árvores ainda não brotaram,
As sementes no solo não germinaram.
Ah! É preciso propiciar a terra,
Para que ervas rebentem e haja flores.
Escuta: praticaremos hoje mesmo a simbólica magia,
E em teu ventre mais branco do que a lua ou do que o gesso
Abordaremos o mistério da fecundação.

Teus seios permanecem neutros como as penhas do granito;
Teu dorso é como as glebas sem consolo,
Onde fantasmas vegetais farfalham lamentosos;
Teu corpo é como a árvore sem frutos.
[...]

Os versos acima falam por si mesmos, basta pensar no recurso retórico que o poeta lança mão, resvalando inclusive num certo exagero, ao dizer "praticaremos hoje mesmo a simbólica magia". Mas chama a atenção o interesse de Candido por este poema e por este poeta naquele momento. Como já se disse, é difícil entrar no mérito das escolhas, ainda mais quando o crítico tem vinte e poucos anos e certamente tinha relações de amizade com Péricles, ou o conhecia (São Paulo não era tão grande assim e, como hoje, o núcleo intelectual era bem pequeno e todos se esbarravam).

A crítica feita no calor da hora sofre influências variadas, mesmo quando ela se quer extremamente objetiva. Vários fatores se colocam no momento da recepção de uma obra. E como se sabe, cabe ao crítico a recepção e não a concepção da obra; esta está nas mãos do poeta.

Os próprios poemas publicados na revista naquele momento traziam esta marca do "especiosismo", como em "Suíte", de Ivan Ribeiro, que saiu no número 3, de agosto de 1941. Neste poema, para citar como exemplo, o poeta diz: "Sob os raios da lua/ A estrela do mar se reanima./ Move os braços frios,/ Dansa na areia fosforescente./ Mas o milagre acontece/ E a inexplicável onda/ Arrebata a estrela./ Do meio do oceano lactescente/ A ressuscitada Ondina/ Acena com a estrela do mar/ Para o infante." Quando se fala em *descompasso* entre a crítica produzida na revista e a poesia por ela publicada, não são poucos os exemplos. Neste mesmo número, Candido comentava o romance "Janelas fechadas", de Josué Montello. Ele percebe na obra do jovem romancista um pendor ao "escrever bonito": "É na descrição, de cenas da natureza, que o autor se sente à vontade; e ele se deixa arrastar perigosamente por este pendor. [...] O seu defeito está no exagero de uma qualidade". Certamente, esse ponto de vista deveria valer também para a poesia.

Reproduzido de *Destinos mistos*, Heloisa Pontes, Companhia das Letras

Décio de Almeida Prado, Paulo Emílio Salles Gomes, Antonio Candido e Lourival Gomes Machado na Praça da República em São Paulo, 1944.

No mesmo número, ainda, Lauro Escorel assinava um artigo chamado "Situação do poeta", onde destacava a poesia de Augusto Frederico Schmidt: "Ele é antes o começo, a fonte, a raiz de toda uma sensibilidade lírica renovada pelo milagre de sua permanente emoção em face da vida e pelo irresistível sortilégio de sua poesia". Mais uma vez o elogio de uma poética que de alguma forma tentou encontrar uma saída para os exageros do modernismo anterior, mas por um caminho mais tortuoso e exagerado ainda. Se o modernismo, como o próprio Candido afirmou, na palestra do Congresso Paulista de Poesia, havia exagerado certos princípios poéticos, a poesia que se fez a partir de 40, e que deu na chamada Geração de 45, correu atrás de um equilíbrio, de um universalismo que a poesia anterior talvez não tivesse para eles. E também forçou a mão, desequilibrando o campo da poesia.

Fazendo um rápido salto no tempo, a poesia que surgiu nos anos 50, com o concretismo, tinha, nas palavras de Haroldo de Campos, como "adversário natural", os poetas da Geração de 45, com seus "jogos florais". Como lembra Iumna Maria Simon, no ensaio "Esteticismo e participação: as vanguardas poéticas no contexto brasileiro (1954-1969)"[6], combater a poesia de 45, para os concretos, "era uma forma de recusar o tradicional e recuperar, sonhava-se, a radicalidade do momento mais 'revolucionário' da poesia de 22 — a poesia 'minuto' de Oswald de Andrade". Contudo, como ela mesma anota, as soluções "retóricas e estetizantes" daquela geração tinha como fonte de inspiração "do simbolismo à poesia de Rilke, Pessoa, Valéry, Eliot, Neruda, Jorge Guillén, não faltando o gosto especial por atmosferas e cadeias imagéticas de inspiração surrealista". Ou seja, o campo era mais complexo do que simplesmente se falar em "retrocesso".

A preocupação com a poesia moderna de fato era um tema de *Clima*, como se pode ver inclusive pelos artigos publicados. Na edição de setembro de 1941, José Eduardo Fernandes apresentou um ensaio chamado "Notas sobre a poesia moderna na Inglaterra", onde apresentava, entre outros, a poesia de Eliot e Ezra Pound. No número 12 da revista, de abril de 1943, apareceu um artigo que comentava a poesia de Maiakovski, assinado por Fabrício Antunes, que, segundo Candido, era um pseudônimo que ele mesmo usava na revista. "Este último [Fabrício Antunes] chegou a despertar a curiosidade e comentários, porque afetava saber russo e dava palpites sobre Maiakovski".

Talvez Candido, naquele momento, seguisse esse veio, ou seja, de entender os caminhos que a poesia moderna tomava no Brasil. Em paralelo aos novos poetas, deve-se lembrar que havia uma geração anterior cuja poesia era extremamente forte, como a de Drummond, Murilo Mendes, Jorge de Lima e outros. Pelas páginas de *Clima* andaram Vinicius de Moraes, Cecília Meirelles, Carlos Drummond de Andrade, Sérgio Milliet, Mário da Silva Britto, Sosígenes Costa, Ledo Ivo e muitos outros (inclusive Rossine Carmargo Guarnieri, citado por Haroldo de Campos). Chegou ainda a publicar uma série de poemas de Giuseppe Ungaretti, traduzidos por Ítalo Bonfim

6. O ensaio de Iumna Maria Simon foi publicado no número 26, da revista *Novos Estudos* CEBRAP, em março de 1990.

Betarello, que foi, segundo nota da revista, "seu discípulo, seu assistente e seu substituto interino na Cadeira de Língua e Literatura Italiana da Faculdade de Filosofia da USP" quando o poeta italiano lecionou no país.

Porém, um dos artigos mais importantes de Candido, na revista, e que ajuda a compreender seu recorte crítico e a situação da poesia naquele momento, é "Ordem e progresso na poesia", que saiu no último número de *Clima*, o 16, em novembro de 1944. Nele, o crítico aproveita o lançamento do livro *Mundo submerso*, do poeta mineiro Bueno de Rivera, para avaliar a produção poética brasileira. Neste momento, vale lembrar, Candido já era uma referência na crítica literária nacional. Desde o ano anterior, ele passara a assinar uma coluna semanal no jornal *Folha da Manhã*.

Neste artigo, Candido diz que os poemas de Bueno de Rivera, um autor hoje bastante esquecido, "trazem a marca das boas realizações". Para ele, *Mundo submerso* – o livro de estréia do poeta – era um "exemplar dessa estabilização do modernismo a que vimos assistindo, e que já abordei de passagem ao comentar *As imaginações*, do sr. Lêdo Ivo." A questão, então, para o crítico, era ver justamente como o modernismo havia criado uma referência imagética para a poesia que veio depois. No caso de Rivera, ele percebia uma influência clara de Carlos Drummond de Andrade, criando no leitor uma certa familiaridade com a linguagem. Porém, ele também notava qualidades próprias do poeta, "pois no seu caso o que há é menos uma imitação (como acontece com o sr. Rui Guilherme Barata em relação ao sr. Augusto Frederico Schmidt) ou uma apropriação dos processos técnicos (como acontece com o sr. Lêdo Ivo em relação a quase todos os nossos grandes poetas modernos) do que um movimento de comungar na mesma concepção de poesia e na mesma visão do seu objeto".

Esse ar de família, na visão do crítico, era algo positivo, pois, como ele mesmo dizia, "uma literatura afirma a sua independência e o seu vigor pela capacidade de transmitir, sempre fecundos, os seus valores próprios". Mas, ao mesmo tempo, ele percebia os perigos que decorriam deste motivo: o surgimento de "uma estilística da poesia moderna" que levaria os jovens autores a uma "doce virtuosidade". O crítico tinha claro que, em poesia, "quem não abre estrada pouco interesse apresenta".

BLACK-OUT

Talvez eu já esteja sepulto
quando as luzes se acenderem para o mundo.
Das trevas do meu silêncio
chamarei meus filhos para tomar o leme nas mãos.
Chamarei amigos que amei
e que a morte me fez esquecer para sempre.
Não vendo mais o crepúsculo e a madrugada
ah!, meus amigos, como chorarei!
Chorarei por todas as horas perdidas em feia luta
e ninguém me ouvirá.
Sobre os destroços deste barco que foi vida
passarão milhões de pés.
E o relógio do meu destino
não trabalhará mais!
Não trabalhará mais!
Minha voz que era quente nos afetos e nas queixas
não soará mais,
não soará mais junto dos teus ouvidos, minha amada!
Meu consolo é que um dia talvez eu me encontre de novo
com Mário de Andrade, Augusto Frederico Schmidt
Barbusse, Garcia Lorca: mortos e vivos de minha ternura.
Talvez eu possa encontrar também aqueles que morreram
nas garras da Gestapo – meus irmãos infelizes –
aqueles que deram a vida pela morte irremissível de um carrasco.
Talvez veja Hitler e Mussolini – Caim multiplicado –
e ainda não consiga olhar nos olhos deles sem ódio.
Mas milhões de pés já terão passado
sobre o meu pequeno infortúnio
e meu filho estará dirigindo com firmeza
este barco surrado pelas tempestades.
E junto dele outras crianças
se levantarão bem cedo
para acender as luzes da madrugada,
pálidas luzes que amei
e desejei tanto!...
Ah! Quando o meu abandono for penoso demais
chamarei meu filho
chamarei meu filho para me acordar.

Poema de Rossine Camargo Guarnieri, publicado no número 15 da Revista Clima, *em outubro de 1944.*

É bom lembrar que seu texto saiu um ano antes do surgimento da Geração de 45, que já se fazia presente na produção poética brasileira. Sem ter bola de cristal, o crítico apontava para os dois lados da moeda: a existência positiva de uma tradição que se formava a partir de poesia modernista e o estrangulamento criativo que esta mesma tradição poderia causar. Candido chega mesmo a dizer que esta poesia, que passa a trela no verso livre, acabou criando um "novo e soberbo Parnaso".

"Chega um momento em que a forma perde o seu conteúdo e morre de esplendor inútil. Seria por isso de desejar que se manifestasse com mais força na poesia atual uma linha de progresso, porque somente assim é possível superar a herança modernista e lançar as bases de uma poesia renovada. Entre os moços, creio que não há muito jeito, porque há talentos demais...", escreve o crítico, deixando claro seu ponto de vista com uma boa dose de pessimismo em relação à geração dos anos 40. "O sr. Rossine Camargo Guarnieri parece querer estragar a sua vocação de grande poeta. Os estreantes, todos muito preocupados em dar baile com os recursos legados pelos maiores. Só de Ilhéus, na Bahia, vem a voz forte deste poeta estranho e comovente que é Sosígenes Costa, o mais original do nosso panorama recente. No sr. Bueno de Rivera, percebo com prazer uma direção mais fecunda."

A beleza da crítica literária feita no calor da hora reside justamente na possibilidade de se destacar, com responsabilidade, este ou aquele autor, mesmo que o futuro não venha para corroborar a escolha, como foi o caso de Bueno de Rivera, que chegou a publicar mais dois livros, um ainda em 1948 e outro somente em 1971 (recentemente saiu uma antologia de sua poesia, organizada por Affonso Romano de Sant'Anna, pela Global), ou Rossine Camargo Guarnieri. Ao contrário, por exemplo, de João Cabral de Melo Neto, autor ao qual o próprio Candido dedicou um artigo, na *Folha da Manhã*, em 1943, quando do lançamento de *Pedra do sono*, já apontando a tendência construtivista do poeta e seu desejo de despoetização da poesia.[7]

7. O artigo "Poesia ao Norte", no qual Candido comenta a poesia de João Cabral de Melo Neto, foi recolhido no livro já citado *Textos de intervenção*.

Fac-símile

Aos 22 anos, o poeta francês Paul Valéry iniciou um ambicioso projeto de compreender o funcionamento da poesia, fazendo anotações em diversos cadernos. Longe do público, o poeta depositava nestas linhas suas mais arrojadas hipóteses, relacionava as mais distantes áreas do conhecimento, experimentava as possibilidades de articulação entre idéias e perscrutava as agruras do pensamento, dos sentimentos, da percepção, como conta o crítico Roberto Zular, ao comentar as mais de 27 mil páginas que compõem a rara edição póstuma em fac-símile destes cadernos, que o leitor pode encontrar no acervo da BMA.

Festa do Intelecto

ROBERTO ZULAR*

Cinco ou seis horas da manhã. O poeta se levanta, acende um cigarro e dirige-se ao seu escritório onde, entre o dia e a noite, o sono e a vigília, o aguardam um ou vários cadernos. Ele começa o seu exercício matinal (um desenvolvimento muito pessoal dos exercícios espirituais aprendidos de Inácio de Loyola). Como o corpo que se exercita correndo ou fazendo musculação, o espírito também precisa ser exercitado. A escrita é o seu suporte. Ele se permite pensar o que quiser: desenvolver as teorias mais arrojadas, tecer considerações íntimas, especular sobre a natureza da poesia, esboçar poemas ou personagens, resolver problemas matemáticos, criticar concepções de filosofia ou história. Seja o que for, as necessidades são ditadas pelas suas próprias preocupações e inquietações. Deixou longe, tanto quanto possível, o mercado das letras e das idéias; recusou-se a "pensar para os outros".

O resultado desse embate cotidiano é assombroso quando se trata do poeta e ensaísta francês Paul Valéry (1871-1945). Mais ainda quando se procura acompanhar como se constituiu a escritura das quase 27 mil páginas que compõem a rara edição póstuma em fac-símile do

* Roberto Zular é professor de Teoria Literária e Literatura Comparada da USP. É autor dos livros *Criação em processo – Ensaios de crítica genética* (Iluminuras, 2002); *Dois ao cubo – Alguma poesia francesa contemporânea* (Olavobrás, 2003); e *Figurando a Historicidade* (Manuscrítica 9, Annablume, 2000). Defendeu seu doutorado em 2001, com a tese *No limite do país fértil: os escritos de Paul Valéry entre 1894-1895*.

Charles Leirens / Reprodução

Paul Valéry

CNRS (Centro Nacional de Pesquisa Científica da França) e que o leitor pode encontrar no acervo da Biblioteca Mário de Andrade.

Ainda muito jovem, aos 22 anos, e já aclamado pelo "poeta dos poetas" Mallarmé, Valéry começa um ambicioso projeto de compreensão do funcionamento da poesia que o leva a um questionamento do próprio funcionamento mental (ou, como ele preferia, "funcionamento do espírito"). Em 1894, esse projeto já o consome a ponto de fazê-lo abandonar a escrita poética.

O final do século XIX era propício a esse tipo de empreitada. Basta lembrar que o *Projeto de uma psicologia científica*, manuscrito também não publicado em vida por Freud, revela esse mesmo desejo de um conhecimento objetivo do funcionamento subjetivo. As ciências exatas davam a impressão de que num futuro próximo chegariam a desvendar a natureza secreta do mundo. E por que isso não se aplicaria ao mundo dos sonhos, à poesia, ao espírito?

Ao lado desse encantamento com as ciências, lembremos que a formação de Valéry, via Mallarmé, ligou-se a uma família de poetas que têm sua raiz em Edgar Allan Poe. Como se sabe, em sua "Filosofia da Composição", Poe propunha-se a revelar os mistérios da criação poética e afirmava que a construção de um poema era algo muito similar à solução de um problema matemático.

A objetividade do poeta americano faria escola na poesia francesa. Em Baudelaire, ela se transforma numa poética do choque que trata com rigor construtivo as contradições e tensões do mundo moderno, em especial a experiência da vida nas grandes cidades. Valéry dá um passo a mais tentando entender as leis e o tipo de conhecimento que produzem essas contradições. Assim, mais do que um embate na superfície da cidade (como faz um *flâneur*), Valéry procura compreender as leis que produzem as condições de possibilidade da cidade moderna. Da mesma forma, se Poe associava a poesia ao rigor e ao próprio funcionamento mental, caberia agora a Valéry compreender a lógica desse funcionamento.

Os cadernos se iniciam assim na busca de um conhecimento objetivo do funcionamento subjetivo. Ao contrário do que possa parecer à primeira vista, esse caminho da poesia à objetividade não é estranho ao surgimento histórico da lírica moderna: como afirma Foucault, o que fazem os poetas românticos senão tomarem a si mesmos como objeto de seus poemas? Valéry leva às últimas conseqüências esse curto-circuito em uma escrita permeada de questionamentos, definições, teorias, cálculos e desenhos, cuja beleza revela um uso muito particular do espaço da página e uma exploração ímpar das potencialidades da inscrição manuscrita.

A abertura do primeiro caderno – sintomaticamente chamado "diário de bordo" – pode ser bastante reveladora da riqueza desses cruzamentos:

> Um objeto ou um fato, árvore, paisagem, pensamento, movimento podem ser colocados em uma classificação das coisas conhecidas fundadas sobre a menor ação imaginativa e lógica. Vê-se essa menor ação no engendramento da geometria, na associação de idéias, nas artes nascentes, crescentes, na lei de evolução – em tudo! Em todos os deslocamentos espirituais.

À busca dessa mínima ação imaginativa, espécie de mínimo múltiplo comum do funcionamento mental que tenderia a estruturas geométricas básicas, somam-se alguns cálculos matemáticos. Em seguida, um melancólico sentimento de solidão ligado a essas anotações cuja validade é posta, desde o início, em questão:

> As milhares de lembranças de ter se sentido só e desejar com raiva o fim desses tempos ruins ou do pensamento.
>
> Talvez não restará senão um amontoado informe de fragmentos percebidos, de dores estilhaçadas contra o mundo, os anos vividos em um minuto, construções inacabadas e congeladas, imenso trabalho visto em um lance de olhos e morto.
>
> Mas todas essas ruínas têm uma certa rosa.

Com um olhar para o presente que já é ruína e outro com esperança de novas descobertas, Valéry entrará na busca algo insensata de

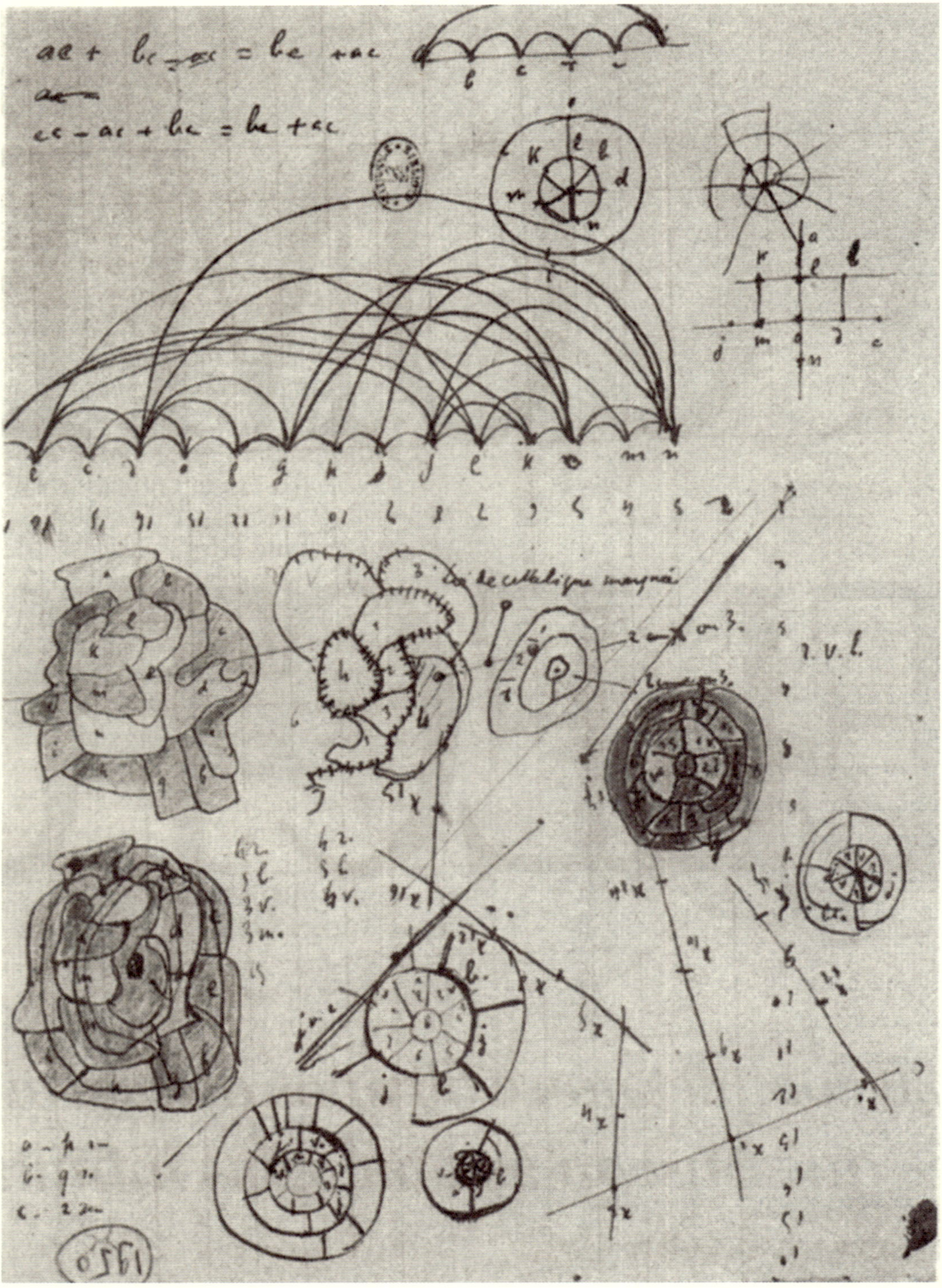

Página dos *Cahiers* de Paul Valéry.

um "Sistema" de suas idéias, cujo ápice se dá no importante caderno "Tábula das minhas tentações", de 1898. Mas não é possível tal sistema do funcionamento mental, pois, como Valéry perceberia mais tarde, o pensamento só existe enquanto ato. Curiosamente, na medida em que o sistema falha, isto é, na medida em que revela-se impossível sua configuração, os cadernos atingem o ápice de sua força, transformando-se no lugar particular de uma escrita em constante devir, que se estendeu por mais de 50 anos. O famoso silêncio de Valéry iniciado em 1896 e interrompido somente com a publicação do poema "A jovem parca" em 1917, foi na verdade um período extremamente produtivo durante o qual se consubstanciou o projeto dos cadernos.

Longe do público, ali Valéry depositava suas mais arrojadas hipóteses, relacionava as mais distantes áreas do conhecimento, experimentava possibilidades de articulação entre idéias, perscrutava as agruras do pensamento, dos sentimentos, da percepção, deixados à deriva de si mesmos. Nem um diário, nem mera anotação de fragmentos ou aforismos, os cadernos se transformam numa escrita ancorada em sua historicidade sempre dependente de um futuro que lhes dê sentido. O que leva Valéry a falar em uma "epopéia do provisório".

Se o começo dos cadernos é marcado por questões matemáticas e físicas, a partir de 1900 a ênfase recai sobre o sonho, a atenção, a memória, as sutilezas do funcionamento da percepção. Com o passar dos anos os temas e problemas se alargam, a memória se confunde com a política, e as metáforas ganham um viés mais biológico. Mais do que tratar desses assuntos, Valéry introjeta formalmente na escrita os problemas levantados por esses temas. Ao tratar da atenção, Valéry exercita formas de atenção e desenvolve aquilo que ficou conhecido como sua marca particular, a fina capacidade de observação de si mesmo. Isso só é possível por meio de uma escrita que reflete sobre o que escreve enquanto escreve e, mais do que isso, faz aquilo que fala ao falar.

Em 1908, Valéry tenta uma nova organização dos cadernos a partir de classificação temática dos mesmos. O projeto seria retomado ainda no final de sua vida, com a ajuda de uma secretária, e serviu de base para a publicação dos dois volumes – organizados tematicamente – da coleção Pléiade pela editora Gallimard. Apenas no final dos anos 80 iniciou-se um projeto de publicação integral dos cadernos pela mesma editora, com a transcrição dos manuscritos e inúmeras notas realizadas por uma equipe de pesquisadores encabeçada por Nicole Celeyrette-Pietri. (No Brasil contamos apenas com alguns trechos traduzidos como fragmentos por Augusto de Campos em *A serpente e o pensar*).

Mesmo com o sucesso de "A jovem parca" e seu proeminente papel como ensaísta, Valéry jamais abandonou a escrita dos cadernos. De fato, nesse lugar ambíguo entre projeto de alguma obra sempre por vir e seu caráter de exercício do espírito, os cadernos também serviram de canteiro de trabalho do qual saíram personagens como M. Teste e Leonardo da Vinci, esboços de poemas, poemas em prosa e inúmeras outras questões de poética, história ou filosofia, que marcaram a obra pública do poeta francês.

Se após a leitura dos cadernos Valéry continua como símbolo das "secretas aventuras da ordem e dos lúcidos prazeres do pensamento", como queria Borges, eles nos mostram o quanto de trabalho, idas e vindas, possibilidades abortadas, rasuras, experiências, angústias e problemas triviais são necessários para alcançar a clareza e a lucidez. É o que sabia o mais lúcido dos poetas brasileiros, João Cabral de Melo Neto:

Página de 1932 dos *Cahiers* de Paul Valéry.

Reproduções de *Variedades*, Paul Valéry, Iluminuras

DEBRUÇADO SOBRE OS CADERNOS DE PAUL VALÉRY

Quem que poderia a coragem
De viver em frente da imagem

Do que faz, enquanto se faz,
Antes da forma, que a refaz?

Assistir nosso pensamento,
a nossos olhos se fazendo,

assistir ao sujo e ao difuso,
com que se faz, e é reto e é curvo.

Só sei de alguém que tenha tido
a coragem de se ter visto

Nesse momento em que só poucos
são capazes de ver-se loucos

de tudo o que pode a linguagem:
Valéry – que em sua obra, à margem,

revela os tortuosos caminhos
que, partindo do mais mesquinho,

vão dar ao perfeito cristal
que ele executou sem rival.

Sem nenhum medo, deu-se ao luxo
de mostrar que o fazer é sujo.

No momento em que estamos, em que escrevo neste computador onde tudo parece desde o primeiro momento pronto e definido pelos limites estritos de um processador de texto; momento em que o pensar se associou a uma mercadoria e nada pode ser visto senão pela facilidade e utilidade imediatas, essa lição do fazer é uma rosa instigante que deriva das ruínas valerianas. E certamente não é a única.

Dossiê Poesia Concreta

Haroldo de Campos, Décio Pignatari e Augusto de Campos retratados por Klaus Werner, em 1952, e em foto de Ivan Cardoso, em 1972

Dossiê Poesia Concreta

Há 50 anos, os poetas Haroldo de Campos, Décio Pignatari e Augusto de Campos participavam do lançamento oficial da Poesia Concreta, na I Exposição Nacional de Arte Concreta no MAM de São Paulo e no saguão do MEC no Rio de Janeiro. Neste dossiê, a RBMA apresenta uma entrevista inédita com o crítico argentino Gonzalo Aguilar, autor do livro *Poesia concreta brasileira – As vanguardas na encruzilhada modernista*; um ensaio do crítico Jorge Schwartz comentando a obra de Aguilar; e um artigo do poeta Reynaldo Damazio sobre a influência do concretismo na poesia brasileira do final do século XX.

Balanço

ENTREVISTA DE GONZALO AGUILAR A REYNALDO DAMAZIO*

A tese do ensaísta argentino Gonzalo Aguilar sobre poesia concreta, publicada pela Edusp em 2005 (ver resenha de Jorge Schwartz nesta edição), é a melhor avaliação que se tem até aqui do movimento de vanguarda que sacudiu o decênio de 1950 no Brasil. Professor de literatura brasileira na Universidade de Buenos Aires, o autor conseguiu articular a pesquisa estética dos fundadores do concretismo ao contexto histórico daquele momento, tanto nacional e internacionalmente, estabelecendo um diálogo provocador entre poesia e as estruturas políticas, artísticas, econômicas e sociais. Nesta entrevista exclusiva, feita por e-mail, Aguilar fala do "trauma" na literatura brasileira causado pelos concretos, da relação dialética com os museus, das transformações históricas na obra de Haroldo e Augusto de Campos e Décio Pignatari, do contato entre concretismo e tropicalismo, entre outros assuntos.

Nesta entrevista, o argentino Gonzalo Aguilar fala sobre o trauma causado pela poesia concreta no ambiente cultural brasileiro e sobre a relação do concretismo com outros movimentos artísticos da segunda metade do século XX.

REVISTA DA BIBLIOTECA MÁRIO DE ANDRADE *Como surgiu seu interesse pela poesia concreta e como tal interesse se transformou em objeto de estudo, que resultou na extensa pesquisa de doutorado?*

GONZALO AGUILAR Fiz minha primeira viagem ao Brasil em 1985: foi a típica viagem iniciática de um jovem argentino ao Brasil, em busca de aventuras e experiências. Além do magnetismo que exercia o car-

* Reynaldo Damazio é poeta e editor. Autor de *O que é criança* (Brasiliense, 1988); *Poesia – linguagem* (Memorial da América Latina, 1998) e *Nu entre nuvens* (Ciência do Acidente, 2001). Edita o site Weblivros, o folheto literário *ZineQuaNon* e o selo Piparote.

naval, durante a ditadura militar a presença dos músicos brasileiros na Argentina foi um verdadeiro bálsamo e a esperança de que a vida podia não ser tão desafortunada. Ainda lembro de Milton Nascimento com sua boina vermelha; de Gilberto Gil cantando com o Charly García; de Caetano reivindicando o tango "Mano a mano"; de Gal seduzindo todo mundo e, sobretudo, de Ney Matogrosso dançando quase nu e desatando todos os nós da repressão (ainda guardo o anel com forma de serpente que me deu do cenário). Precisamente, um dos shows aos que assisti antes de viajar, quando já tinha acabado a ditadura, foi a apresentação de "Velô", de Caetano Veloso, no teatro Ópera de Buenos Aires. A interpretação de "O pulsar" foi uma verdadeira revelação e já em minha primeira viagem consegui todo o material possível dos irmãos Campos e de Décio Pignatari. O descobrimento de sua obra foi um impacto e através deles, também, descobri ou redescobri outros poetas como Pound, Maiakóvski ou João Cabral do Melo Neto. Não é que não os conhecesse, mas ler as traduções do Maiakóvski ao castelhano, realizadas por Lila Guerreiro, e as de Haroldo, Augusto e Boris Schnaiderman era como ler dois poetas diferentes. Num primeiro momento, então, minha aproximação com os poetas paulistas teve a ver com o prazer da leitura e a paixão por suas invenções e achados.

Anos depois, em meus estudos, especializei-me em literatura latino-americana e lamentava o fato de que geralmente a literatura brasileira não fosse incluída. Ainda hoje me parece vigente o projeto de Ángel Rama de estudar a literatura latino-americana incluindo o Brasil. Com o intuito, então, de apresentar os materiais de meu objeto de estudo, fiz diversas edições de alguns autores brasileiros: publiquei um livro com textos de Oswald de Andrade, ao qual intitulamos, com Alejandra Laera, *Escritos antropófagos*. Em 1994, fiz uma tradução dos poemas de Augusto de Campos, e em 1999 publiquei uma antologia do grupo *Noigandres* que incluía poemas, traduções, ensaios e manifestos. Todos estes livros (mais alguns publicados em revista) tiveram como objetivo preparar o terreno para o meu livro sobre o concretismo.

RBMA *Na introdução de seu livro, você se refere a um trauma cultural, provocando uma espécie de divisa entre os simpatizantes e os detratores da poesia concreta tanto tempo depois da vigência do movimento. A que atribui essa disputa anacrônica?*

GA Acredito que há vários motivos que explicam esta disputa. Em primeiro lugar, há uma questão dos dois lados: ou intransigência dos apólogos que sempre ficam na defensiva (como se o seu trabalho não fosse reconhecido); ou rechaço extemporâneo, como se cada vez que se fala do concretismo a gente tivesse que deixar claro que está contra. Meu objetivo é procurar um terceiro lugar possível a partir da idéia spinoziana de "nem chorar nem rir, mas sim compreender", o que não significa que não há que rir ou chorar, mas sim que, se compreendermos, rir e chorar vão se constituir em uma experiência mais intensa e marcante. Em segundo lugar, o fato de que os poetas paulistas, principalmente Haroldo de Campos, tenham desenvolvido um forte trabalho crítico os colocou num terreno no qual a função da crítica está desestabilizada, porque se trata, no caso deles, de uma ensaística implicada com um projeto de criação estética, mas que ao mesmo tempo se aproveita dos procedimentos e do léxico de, por assim dizer, a crítica especializada. Neste ponto, a presença de Haroldo de Campos é a da persistência do modernismo num terreno, o da crítica acadêmica, que começou nos anos noventa a revisar o modernismo em seu conjunto. Finalmente, considero que Augusto e Haroldo fizeram uma obra monumental e, além dos julgamentos de valor que possam merecer de nós, exige ainda uma aproximação crítica mais exaustiva que está muito longe de haver-se realizado. Para explicá-lo com fatos: em que cultura encontramos um poeta de invenção que, para traduzir os poetas provençais, compara cinco ou seis versões em outros idiomas, apresenta os poemas com prólogos de muito boa feitura crítica e se preocupa em estar atualizado com a bibliografia produzida sobre o tema internacionalmente? E quem vai escrever sobre o modo como a poesia provençal traduzida por Augusto percorre, como uma seiva vivificadora, outros criadores como Ana Cristina César ou Caetano Veloso? Em que outra cultura, para dar outro exemplo, há poetas que percorrem as bibliotecas para recolher material inédito de figuras como Pagu, ou resgatam do século XIX um poeta como Sousândrade, sem dúvida um dos fenômenos mais curiosos da poesia universal daquele período? Só estes exemplos bastam para desmentir aqueles que se surpreendem com a importância do concretismo na cultura brasileira e o vêem como uma questão provinciana. Não é o concretismo que tem esta projeção, mas sim a obra contínua, obcecada e rigorosa de mais de cinqüenta anos de trabalho constante de Augusto e Haroldo de Campos.

RBMA *Lê-se com muita freqüência, na crítica brasileira, a afirmação de que a poesia concreta foi o último, e possivelmente o único, movimento literário brasileiro de repercussão internacional. Você concorda com essa idéia? Qual a repercussão do concretismo na América Latina?*

GA O motivo pelo qual alguns autores brasileiros se convertem em latino-americanos ou em uma referência para a literatura universal não necessariamente fala de sua qualidade, mas sim de uma quantidade de fatores que é necessário analisar. Nos anos 60, por exemplo, João Guimarães Rosa foi o mais latino-americano dos escritores brasileiros, porque sua escrita expressou como nenhuma outra um conflito de leituras que se estava produzindo naquele momento. De um lado, Emir Rodríguez Monegal, que via em Guimarães a amostra de uma modernidade radical e da possibilidade de uma literatura experimental que abandonasse os regionalismos e se aproximasse do James Joyce e às tendências cosmopolitas. Do outro, Ángel Rama, que considerava Guimarães um dos casos mais surpreendentes de transculturação narrativa e de sobrevivência de tradições orais vinculadas a uma cultura subalterna. Nos anos 90, ao contrário, foi Clarice Lispector a escritora com maior projeção, já que poucas escritoras tinham ido tão longe numa experiência narrativa que admitia a denominação de "escritura feminina" e que permitia discutir questões de gênero, identidade e literatura. Embora se trate, nestes dois casos, de escritores excepcionais em todo sentido, e que nos faz perguntar se não teríamos que reabilitar a noção de genialidade, estas projeções não necessariamente implicam uma idéia de qualidade. João Cabral de Melo Neto, Manuel Bandeira ou Augusto de Campos são grandes escritores e tiveram menos projeção continental que Machado de Assis, Oswald de Andrade ou Haroldo de Campos. No caso de Haroldo acredito que há duas etapas em sua recepção. A primeira – nos anos 60 – tem a ver com o interesse que desperta a escritura experimental,

Cartaz e catálogo da I Bienal do Museu de Arte Moderna de São Paulo, em 1951. O cartaz foi feito por Antonio Maluf e a capa do catálogo é de Santa Rosa

a idéia de modernização literária e a poesia visual. A noção de *escrita* foi fundamental nesta leitura e rastros do concretismo se detectam em Cabrera Infante, Nicanor Parra, Julio Cortázar (recordemos que Haroldo se converteu em um dos personagens de *Um tal Lucas*) e, sobretudo, Octavio Paz com seus *Topoemas* feitos em colaboração com o artista Vicente Rojo. O segundo momento de recepção forte esteve vinculado ao conceito de *barroco* que foi muito utilizado por diversos escritores como programa poético. Severo Sarduy, Néstor Perlongher e Arturo Carrera, entre outros, reconheceram, nas *Galáxias*, sobretudo, um modelo de escritura possível e de acordo com essa recuperação do barroco, que em Haroldo teve conseqüências no campo da poesia, da tradução e da crítica.

RBMA *Outra análise histórica que se faz do concretismo costuma situá-lo no ambiente da política desenvolvimentista dos anos 50 no Brasil, com a construção de Brasília e a expansão da indústria nacional. Você desloca a reflexão para o contexto da tradição modernista, com uma original abordagem do museu e da questão das Bienais Internacionais de artes plásticas. A poesia concreta reinventou o modernismo, ou representou uma ruptura radical com o cânone, como apregoam seus epígonos?*

GA Não acredito que se possa falar de uma "ruptura radical", mas sim de uma série de deslocamentos que modificam a versão do modernismo que era canônica nos anos 50. Neste deslocamento, os núcleos mais importantes são a remissão ao *Coup de dés* de Mallarmé como origem das vanguardas, a recuperação das vanguardas construtivas, perseguidas e sufocadas pelo nazismo, e a instauração de uma atitude de investigação e revisão crítica alheia ao estilo iconoclasta das vanguardas. Depois, nos anos 60, os poetas do *Noigandres* voltam a dar outro giro ao legado modernista com seu interesse pelo abjeto, o pop e os meios de comunicação de massa. Complementarmente, há um deslocamento do *design*, a arquitetura e as artes plásticas para a música erudita e depois popular. Acredito que esta é uma versão que sintetiza elementos que se podem derivar das práticas e dos textos produzidos pelo concretismo entre 1957 e 1968. Entretanto, embora incluí esta versão, acredito que o conceito de *museu* me permitia contar o surgimento do concretismo desde outro lado, ao mesmo tempo em que me obrigava a redefinir a teoria das vanguardas. Com o museu (e as noções concomitantes de arquivo, repertório, instituição e prática) não contei o surgimento do concretismo como se faz habitualmente em termos de engenho poético, ou de renovação estética, mas sim o fiz a partir da cidade, do entorno, da cultura material e certos eventos centrais como as bienais e a criação do Museu de Arte Moderna.

RBMA *Ainda no âmbito ideológico, as críticas mais duras ao concretismo, em seu período de implantação, referem-se ao excessivo dogmatismo e formalismo, como se houvesse um imperativo reacionário sob os princípios estabelecidos pelo "Plano-piloto", publicado em 1958. Essa crítica tem algum fundamento, ou se trata de uma estratégia interna à imposição dos movimentos de vanguarda? Como você avalia o rompimento do poeta Ferreira Gullar e a formação do neo-concretismo?*

GA A ruptura com o neo-concretismo também foi estudada em termos absolutamente convencionais e com um discurso crítico mais preso à suposta oposição Rio-São Paulo que numa valoração das obras e do que implicaram essas mudanças que se produziram em princípios da década de 60. Muitos críticos falam de um distanciamento com o concretismo ortodoxo e "hiper-racionalista" de São Paulo, que excluiria o subjetivo e o corpo, mas se esquecem que, não muito depois da redação desse manifesto, Haroldo escreve *Servidão de passagem*, que implica uma reformulação e um abandono parcial de muitos dos postulados do "Plano-piloto". É uma poesia escrita em versos, em dísticos, com uma grande ênfase no oral e nos efeitos políticos. Já há aí uma dimensão do abjeto que, contemporaneamente, também irá minando a obra de Oiticica (ambos, por volta desses anos, começam a se interessar pela obra do dadaísta-construtivista Schwitters). Em 1964, Haroldo começa a redação das *Galáxias* (as primeiras são publicadas em *Invenção*): querem algum poema em que esteja mais em jogo e em risco o sujeito e o corpo? De que frieza, hiper-racionalismo e dogmatismo fala a crítica? Enquanto a crítica denuncia indignada o dogmatismo dos poetas paulistas, eles já estão abrindo novos caminhos e sendo os críticos mais acérrimos de sua própria obra: Haroldo com as *Galáxias*, Augusto com os *Popcretos* e Décio com sua imersão nos meios de comunicação de massa. A miopia da crítica, além disso, obturou o que é, a meu ver, um dos capítulos mais estimulantes e renovadores da cultura e da estética brasileiras do século XX: refiro-me ao encontro do Hélio Oiticica com Augusto e Haroldo do Campos em princípios dos anos 70, que atualmente estou investigando. Enquanto a crítica segue com a ladainha de Rio versus São Paulo, como se se tratasse de um jogo de futebol, Hélio, Haroldo e Augusto estão se encontrando no hotel Chelsea de Nova York e dialogando entre si com o intuito de continuar intensificando o caráter experimental de suas respectivas obras.

Para estudar todas estas mudanças e deslocamentos que se produzem ao longo da década dos 60, procurei me guiar mais pelo ensaio seminal de Mário Pedrosa, "Arte ambiental, arte pós-moderna, Hélio Oiticica", e tratar de ver como se produz uma mudança de paradigma na produção artística brasileira desses anos, que pode se considerar generalizada, embora, obviamente, haja diferentes modalidades, apostas e graus de radicalização.

RBMA *Você estabelece uma relação dialética entre a poesia concreta e o tropicalismo, que transcende a mera influência ou continuidade. Gostaria que você explicasse essa relação entre os dois movimentos, levando em conta o aspecto da repercussão popular conquistada pelos tropicalistas. Teria sido um*

O poeta Manuel Bandeira lê o poema "Tensão", de Augusto de Campos, na Exposição Nacional de Arte Concreta, no Rio de Janeiro, em 1957

Reproduzido de *Arte Concreta Paulista*, Cosac Naify

período de refinamento do repertório da música popular, ou de rebaixamento das expectativas das vanguardas?

GA Uma das questões mais difíceis no campo da crítica da cultura e da arte radica no estatuto que assume a *mudança*. O que é o que acontece com o passado, com as tradições, com o que está antes? Meu interesse é detectar o caráter dinâmico da mudança e tratar de seguir o espinhoso caminho que assumem as metamorfoses culturais. Por isso quando falo da morte do concretismo em mãos do tropicalismo refiro-me, em realidade, ao modo em que o concretismo adquire uma nova vida: com o tropicalismo a poesia concreta passou a formar parte do repertório da cultura de massa, mas como prática terminou de encontrar seus próprios limites. Isso já estava de algum jeito no texto-manifesto que abre o último número de *Invenção* e que é um texto que pode ser lido como o "anti-plano-piloto". Além disso, nesse texto (sem título, não assinado, construído com base em associações e escrito em tempo passado), aparece a célebre frase sobre a "geléia geral" que Torquato Neto utilizaria para uma das mais conhecidas canções tropicalistas. Já é óbvio, nesse momento, que o concretismo está triturado e que no máximo, como uma proteína, poderá passar a fortalecer a medula e o osso da cultura brasileira, que é o que aconteceu com o tropicalismo. Haroldo, Augusto e Décio são absolutamente conscientes desse final e isso pode ser interpretado com vários fatos: a publicação de *Traduzir e trovar* (o retorno ao verso), a inserção no discurso crítico-acadêmico de Décio e Haroldo, os poemas escritos por Haroldo nos Estados Unidos, a seção "Outras bossas" que Augusto adiciona à primeira edição do *Balanço da bossa*. Apesar disto, entretanto, até o último dia de sua vida, cada vez que Haroldo lançava um livro era chamado de "poeta concreto". Como me disse certa vez, no dia em que publicasse um livro de sonetos, os suplementos culturais dos periódicos diriam: "o poeta concreto Haroldo de Campos publicou um livro de sonetos". Além disso, algo que também menciono em meu livro, não se deveria descartar que os próprios poetas do grupo *Noigandres* tenham auspiciado este fenômeno já que, em princípios dos anos 70, começam a realizar uma releitura de sua própria obra e uma reivindicação do caminho percorrido.

Quanto a se a época tropicalista consiste em "refinamento do repertório da música popular, ou de rebaixamento das expectativas da vanguarda", acredito que nem uma coisa nem a outra: o tropicalismo é um momento de recirculação intensa entre cultura popular e cultura de elite, através da explosão da cultura de massa. Estimulada por situações históricas muito pontuais (a agitação política, a novidade da televisão e sua permeabilidade, o aprofundamento dos antagonismos políticos, os novos modos de circulação da canção etc.), a cultura de massa foi um lugar possível para incorporar um monte de fenômenos que se estavam produzindo nesse momento no Brasil. Como trato de demonstrar em meu livro, a vantagem do Caetano e Gil foi que ficaram por *sobre* a diferença entre cultura popular e cultura de elite e impuseram um critério de energia criativa antes que de classificação limitada. Isso lhes permitiu realizar uma série de conexões e fusões que representam a fertilidade do tropicalismo.

RBMA *Confrontando as propostas teóricas do Antonio Candido e as do* paideuma *concretista, como você faz no final de seu livro, como evitar, de um lado, as amarras redutoras do historicismo e, de outro, o sentido a-histórico da abordagem sincrônica?*

GA Esse é um problema ao qual dois grandes pensadores da literatura como Haroldo de Campos e Antonio Candido, em algum momento de seu trabalho crítico, enfrentaram e que tentaram resolver em duas obras mestras do ensaio latino-americano: "O seqüestro do barroco", no caso de Haroldo, e "Dialética da malandragem", no de Antonio Candido. Estou muito longe de pensar que posso resolver semelhante problema e, em meu livro, me propus mais que nada tratar de ser conceitualmente preciso. Concordo com Candido quando diz: "tenho muito medo porque toda nossa formação teórica e crítica está apoiada na idéia de sucessão temporária homogênea. Nós negamos isto como atitude, mas a prática está ligada com uma lei de sucessão temporária homogênea e com uma tendência a não reconhecer as contradições. O princípio de identidade e de terceiro excluído rege nossos pensamentos". Aponto, além disso, que Walter Benjamin expôs o problema e proporcionou soluções conceituais e metodológicas muito úteis. No Brasil, quem se colocou também este problema com muita acuidade foi Oswald de Andrade em sua "Tese da crise da filosofia messiânica" e, ao meu ver, encontrou uma solução para o dilema no método de Bachofen, o historiador do século XIX. Bachofen, que Oswald só conhecia nos anos da vanguarda através das menções de Engels, cumpriu depois um papel metodológico fundamental na tese, lido certamente em sua versão francesa de 1938 (tradução para o francês que, seja dito de passagem, havia sido reclamada por Walter Benjamin em um texto revelador sobre o arqueólogo suíço de 1934). Bachofen desenvolve seu estudo sobre o matriarcado, assinalando que, como não se trata de um tipo de organização social extinto, a única solução é procurar nos vestígios e lendo os documentos históricos pelo avesso. A partir de uma hipótese não provada (o matriarcado precedeu ao patriarcado em todas as a sociedades), Bachofen recolhe os vestígios e arma sua tese sobre o matriarcado. O texto de Oswald está construído com o mesmo método e demonstra originalidade de suas leituras, nas quais o sentido histórico se articula com usos do presente. Uma *Errática* que, na tese, convive imperfeitamente com a teleologia hegeliana.

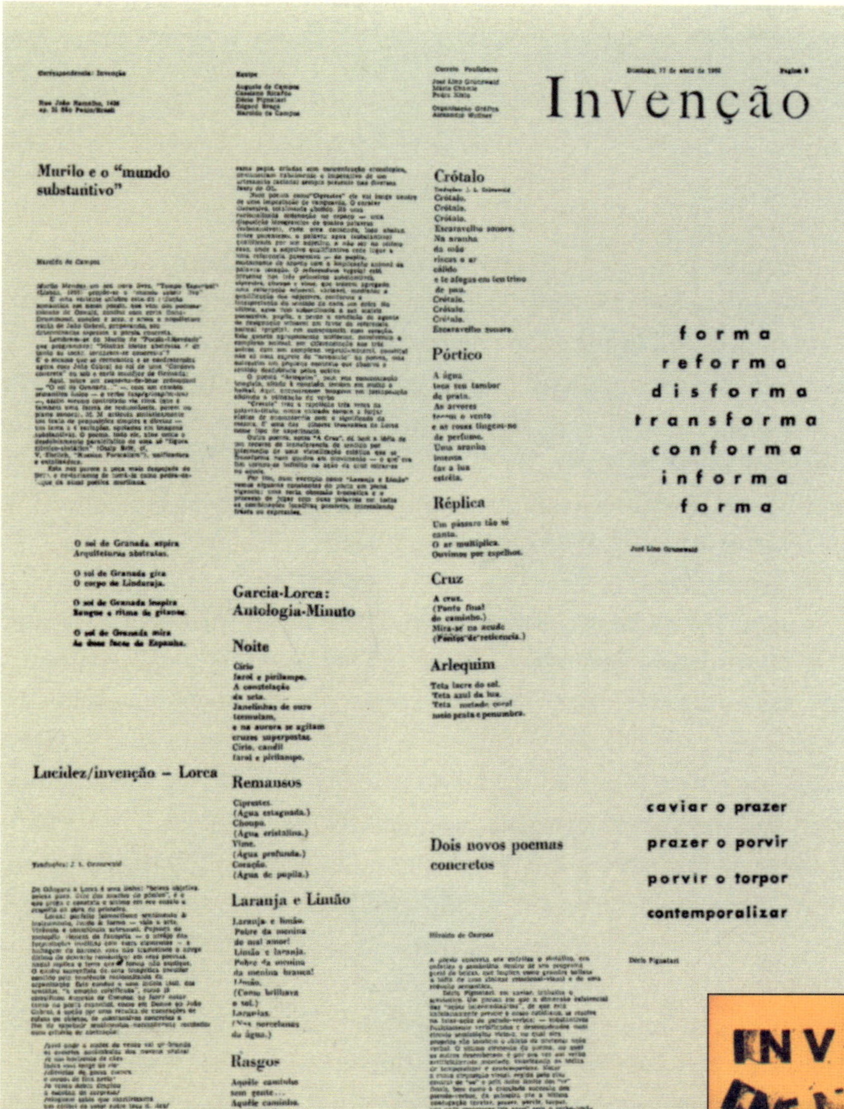

Invenção

Murilo e o "mundo substantivo"

Crótalo

Pórtico

Réplica

Cruz

Arlequim

forma
reforma
disforma
transforma
conforma
informa
forma

Garcia-Lorca: Antologia-Minuto

Noite

Lucidez/invenção – Lorca

Remansos

Laranja e Limão

Rasgos

Raios

Dois novos poemas concretos

caviar o prazer
prazer o porvir
porvir o torpor
contemporalizar

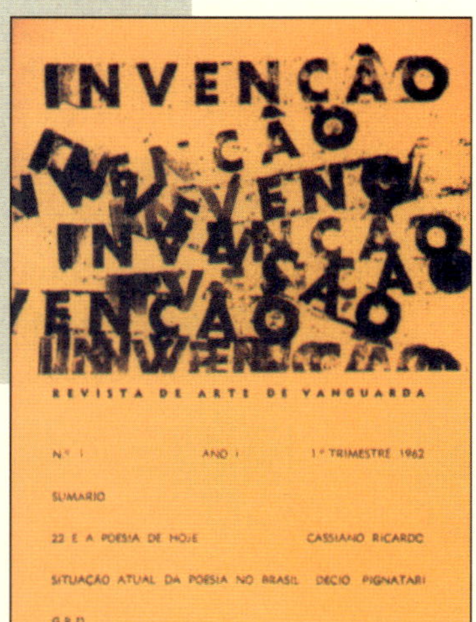

Página semanal de *Invenção*, publicada no *Correio Paulistano*, em 1960, com projeto gráfico de Alexandre Wollner. Ao lado, capa do primeiro número da revista *Invenção*, em 1962

No caso de meu livro, a intenção foi ver a historicidade de todos os fenômenos (museu, poema, campo literário, vanguarda etc.) e riscar sua genealogia e o estado de sua metamorfose: que sentido tem o museu nos anos 50, em tempos de pós-guerra e quando São Paulo pretendia assumir a dianteira como cidade moderna? Posteriormente, tratei de projetar esta historicidade em termos de respostas a interrogações que nos fazemos no presente: como pensar as vanguardas latino-americanas? O que é o espaço poético? Como se relacionam política e forma poética, entre outros?

RBMA *Por que você optou por se concentrar na análise da obra de Décio Pignatari, Augusto e Haroldo do Campos e qual a importância de cada um deles na continuidade do grande projeto literário inaugurado com a poesia concreta?*

GA Reconheço que uma das deficiências do livro está em ter realizado um recorte que deixa fora outras produções poéticas contemporâneas que também cabem dentro do item poesia concreta. Apenas menciono Ronaldo Azeredo, José Linho Grünewald, Pedro Xisto e Ferreira Gullar, e sou extremamente injusto com outros como Mário Chamie, ou Paulo Leminski. A decisão metodológica, entretanto, foi muito simples: com os poetas de *Noigandres* podia narrar os avatares de certo signo poético (o da poesia visual e espacial) no Brasil dos anos 50 e 60. Nesta decisão, foi fundamental a continuidade de Augusto, Haroldo e Décio, os que desde finais dos anos 50 editam pelo menos um livro a cada dois anos. Esta continuidade, além disso, também é visível na coerência criativa ou na fidelidade que os poetas mantêm a certos princípios. Com todas as transformações que houve na obra poética de Augusto de Campos, por exemplo, há dois princípios que se mantêm quase invariavelmente: a página como unidade de composição e a visualidade do signo como matéria significante. Nos casos de Haroldo e Décio, embora a produção seja mais heterogênea, em ambos se dá, depois do fim do concretismo, uma recuperação do que tinha sido feito anteriormente, como uma volta para casa, totalmente mudados depois da longa viagem realizada com a poesia concreta. Haroldo recupera o impulso barroquizante de sua escritura e Décio o aspecto satírico e bufo que faz a sua poesia tão peculiar.

o"Rock'n Roll" da POESIA

Reportagem publicada na revista *O Cruzeiro*, sobre debate no Teatro da UNE, no Rio de Janeiro, em 1957, cujo tema foi a Arte Concreta

RBMA *A produção ensaística e de tradução dos três fundadores da poesia concreta devem ser consideradas no conjunto de sua obra, ou se trata de uma seção à parte? Que importância esse conjunto denso de ensaios e de traduções tem para a compreensão da poesia que eles produzem?*

GA Em um ensaio que apresentei no ano passado na Casa Rui Barbosa, durante um evento organizado por Flora Süssekind e Júlio Castañón Guimarães, considerei as traduções de Augusto como parte do seu projeto poético. O mesmo, obviamente, pode-se dizer no caso de Haroldo e quem não conhece suas "transcriações", como ele as denominou, dificilmente pode entender uma boa parte de seus poemas que surgem como testemunhos poéticos do processo de tradução. No livro, tanto no caso de Augusto como no de Haroldo, utilizo versos de suas traduções para falar de suas poéticas como, por exemplo, quando comparo o princípio das *Galáxias* com a tradução que Haroldo fez do *Gênese*. No ensaio mencionado anteriormente, oponho às traduções de translação (que seriam as que não têm uma grande densidade estética), o que chamo de traduções possessivas, nas quais o que se produz é uma ocupação, um saque ou uma *reinscrição* do nome do poeta na obra traduzida. Não lemos somente o *Eclesiastes* ou o *Finnegans wake*, mas as versões que Haroldo assinou com seu nome. Traduções

Acervo do autor

vampirescas (ou vampirizadas) que têm a pretensão de ser tão singulares quanto os poemas que lhes servem de partida (o que é muito mais evidente nos trabalhos que Augusto denominou "intraduções", nos quais se exerce uma verdadeira violência sobre o original). Este jogo de reapropriações é muito dinâmico e seu efeito principal é que reorienta a produção em curso. Um exemplo: quando Haroldo de Campos traduz o *Hagoromo de Zeami*, dedica-lhe um dos coros a Hélio Oiticica e compara o "manto de plumas" da obra japonesa do século XIV com seus *parangolés*. Agora, estes versos: "ou celeste manto de plumas está não vento /...flutua / excelso / dissolvido no céu do céu", têm um grande impacto na obra de Oiticica, que faz uns parangolés (sobretudo o dedicado a Haroldo, "P30 Capa 23") que diferentemente dos que tinha feito o artista anteriormente, trabalham com o branco, o evanescente e certo estatismo vibratório, para dizê-lo de algum modo.

RBMA *A literatura brasileira, e talvez a latino-americana também, vive um momento de dispersão e parece incogitável qualquer movimento articulado, seja de vanguarda ou não. Estaríamos vivendo o esgotamento do ciclo histórico das vanguardas? Essa seria uma das características da chamada pós-modernidade?*

GA O núcleo vanguardista da experimentação foi uma marca de boa parte da criação artística do século XX. Por momentos, a experimentação adquire o caráter coletivo e de mudança histórica próprio das vanguardas, e em outros se mantém como prática de laboratório. Além desta possibilidade aberta da experimentação, concordo que vivemos um momento de dispersão, embora também acredito que esta dispersão se deva, basicamente, a que seguimos nos guiando por um conjunto de preceitos e critérios de valor que são insuficientes para dar conta da época em que estamos vivendo. E se a "dispersão" não fora em realidade mais que um tipo de ordem que não podemos visualizar ou conceitualizar? Tratei de explicar estas transformações num livro que escrevi sobre o novo cinema argentino, que atualmente está no prelo. Parece-me que o cinema é um meio mais adequado para responder a estas perguntas, já que vejo a literatura e a poesia mais como práticas letradas de resistência, num mundo no qual avançam os meios audiovisuais. Paradoxalmente, acho que até poetas de experimentação como Augusto ou Haroldo já não trabalham fazendo avançar o presente – como foi o caso da poesia concreta – a não ser na contramão dos tempos. Considero que esse trabalho com a linguagem é uma tarefa necessária e até politicamente decisiva, e além da felicidade que podem produzir esses poemas também como ilhas de energia, em vários deles subsiste a promessa de uma comunidade possível.

Revisão

JORGE SCHWARTZ*

Em Poesia concreta brasileira, *o olhar analítico do crítico argentino Gonzalo Aguilar traz uma abordagem não partidária das polêmicas que acompanharam o movimento concretista brasileiro*

Se este é o mais alentado, não é o primeiro trabalho dedicado à Poesia Concreta por Gonzalo Aguilar[1], professor de Literatura Brasileira na Universidade de Buenos Aires. Em 1994, ele edita, na Argentina, *Poemas*, antologia bilíngüe de Augusto de Campos e, em 1999, no México, um luxuoso livro-catálogo, *Galáxia concreta (antología de Augusto de Campos, Haroldo de Campos y Décio Pignatari)*, volume que mal foi visto no Brasil. Em 1997, organiza um número especial do *Diario de Poesia* (nº 38), e, mais recentemente, uma coletânea de ensaios sobre Haroldo de Campos, *El ángel izquierdo de la poesía*, homenagem póstuma realizada em dezembro de 2003, em Buenos Aires. Ainda como operador da cultura e da literatura brasileira na Argentina, Aguilar dirige, na editora Corregidor, de Buenos Aires, a atualmente mais importante coleção de títulos brasileiros, que inclui, entre outros, autores como Oswald de Andrade, Graci-

* Jorge Schwartz é professor aposentado de literatura hispano-americana na Faculdade de Filosofia, Letras e Ciências Humanas da USP e professor-visitante da Universidade Johns Hopkins. Em 2000, organizou, na Espanha, uma grande mostra sobre a produção cultural brasileira dos anos 20 aos 50 ("Da Antropofagia a Brasília"). Coordenou a edição da obra completa de Oswald de Andrade e também de Jorge Luís Borges, ambas para a Editora Globo. É autor e organizador de diversos livros, entre eles *Vanguarda e Cosmopolitismo na Década de 20: Oliverio Girondo e Oswald de Andrade* (Perspectiva, 1983); e *Vanguardas latino-americanas - polêmicas, manifestos e textos críticos* (Iluminuras, 1995).

1. Gonzalo Aguilar. *Poesia concreta brasileira. As Vanguardas na Encruzilhada Modernista.* São Paulo: Edusp, 2005 (trad. Regina Aida Crespo, Rodolfo Mata e Gênese Andrade "Anexo"), 404 pgs.

liano Ramos, Clarice Lispector, Silviano Santiago, a obra crítica de Flora Süssekind e de José Guilherme Merquior.

Reflexão sobre o Brasil, feita à distância, o olhar analítico de GA permite uma abordagem não partidária das polêmicas que acompanharam o movimento concretista com mais de meio século de existência. Quando ainda testemunhamos maniqueísmos do tipo Mário *vs.* Oswald, Antonio Candido *vs.* Haroldo de Campos, Roberto Schwarz *vs.* Augusto de Campos, este livro consegue a isenção que a crítica brasileira dificilmente atingiria. Isso pode ser explicado pelo fato de ter sido pensado e escrito fora do centro, mas sem desconhecer os meandros e bastidores que marcaram a nem sempre tranqüila evolução deste movimento. Mais do que uma esmerada análise do concretismo, o livro é um mergulho erudito na cultura brasileira da segunda metade do século XX feito *a partir* do movimento concretista. Neste sentido, fica registrada a trajetória da modernização artística no Brasil, que se inicia com as primeiras bienais, com os primeiros museus de arte moderna (MASP e MAM de SP), com a evolução musical que desemboca no movimento tropicalista e com a arquitetura que culmina em Brasília ("A eliminação da rua como célula de organização urbana, no 'plano piloto' de Lúcio Costa, era homóloga à eliminação do *verso* na Poesia Concreta. Cidade sem ruas, poesia sem versos", afirma GA). Outro dos elementos relevantes do trabalho é a aproximação da Poesia Concreta às artes plásticas, o que só em 2002 foi recuperado de forma mais orgânica, na série de exposições sobre Arte Concreta Paulista, no Centro Universitário Maria Antônia: Grupo Noigandres, Ruptura, Waldemar Cordeiro e Antonio Maluf. Do ponto de vista teórico-crítico, a reflexão de GA ampara-se em um amplo leque de pressupostos que enriquecem as análises: Flora Süssekind, Mário Pedrosa, Hélio Oiticica, Rosalind Krauss, Ángel Rama, e as vibrações antropofágicas de Oswald que inspiram o livro. Pontes importantes são estabelecidas com poetas latino-americanos, vertentes ainda pouco estudadas e caminhos que este estudo aponta: César Vallejo, Vicente Huidobro, Oliverio Girondo.

Este livro, que eu considero como o mais completo até a data sobre o movimento em sua diacronia, tem a rara habilidade de fundir conhecimento contextual da história da cultura brasileira da segunda metade do século XX com refinada capacidade de análise poética. Não seria exagero afirmar que aquilo que Mário da Silva Brito fez em sua antológica *História do modernismo brasileiro* nos anos 1970, Gonzalo Aguilar constrói hoje em *Poesia concreta brasileira. As Vanguardas na Encruzilhada Modernista*. O livro refaz a história da cultura brasileira, chegando a seus momentos políticos mais convulsivos e mais vibrantes culturalmente durante a década de 1960, revelando a dissociação entre poder e cultura. O Brasil aparece contextualizado continentalmente nos avassaladores fatos políticos daqueles anos: revolução cubana (1959), golpes militares no Brasil (1964), Chile (1966 e 1973) e Argentina (1966 e 1976). São descritos o surgimento dos CPCS, na época de João Goulart, e a sobrevivência da página *Invenção*, com a participação musical de Júlio Medaglia, Damiano Cozzela e Rogério Duprat. O terceiro capítulo é um minucioso e instigante relato dos acontecimentos na Bahia, "uma das experiências culturais mais intensas da história brasileira deste século". Inteiramo-nos da intervenção de Lina Bo Bardi, que desenvolve o Centro de Estudos Afro-orientais, o Museu de Arte Moderna da Bahia e o Museu de Arte Popular; da presença de Hans J. Koellreutter, que introduz a música dodecafônica e de vanguarda, e de Glauber Rocha, que trabalhara com Lina e nos anos 1960 produz sua filmografia mais importante (*Deus e o diabo na terra do sol* e *Terra em transe*). É neste clima que surgem Caetano Veloso e Gilberto Gil, então colegas da Faculdade de Filosofia da Universidade Federal da Bahia. Este amálgama acabaria gerando o estouro do movimento tropicalista, a partir da segunda metade da década.

O livro tem o dom de organizar, de forma didática e instigante, a história do concretismo ao mesmo tempo em que questiona *as formas de construção de uma história da literatura*, uma das preocupações, senão a maior preocupação teórica do movimento. A Poesia Concreta aparece dividida em três ciclos, cronologicamente: de 1956 a 1960, o concretismo ortodoxo que culmina com a fundação de Brasília; o segundo, o do "salto participante", de 1960 a 1968, permeado pela linguagem da publicidade e do *design*; finalmente, de 1967 a 1969, em que o fim do concretismo coincide com o golpe de 64, e com o exílio dos tropicalistas Caetano Veloso e Gilberto Gil. A partir daí, Aguilar analisa os caminhos divergentes de cada um dos fundadores do movimento, em especial os dos irmãos Campos. As vertentes tradutológicas, a prosa barroca de Haroldo, e a poesia cada vez mais voltada para os experimentos digitais e cibernéticos de Augusto de Campos. Décio Pignatari, por sua vez, dedica-se a poemas semióticos, prosa experimental e ensaios.

A necessidade do movimento de afirmar e reafirmar suas estratégias fez com que ele viesse acompanhado de grande arcabouço teórico: desde o próprio manifesto da Poesia Concreta (o "plano-piloto para a poesia concreta"), livros clássicos como *A arte no horizonte do provável* e a própria coletânea *Teoria da Poesia Concreta*. A definição de sua própria tradição, de seu repertório e da noção de arquivo é clara na construção de uma linhagem própria: Mallarmé-espacialização, Joyce-amálgama, cummings-fragmentação, Pound-ideograma e tradução. Sousândrade, Kilkerry, Oswald de Andrade, Guimarães Rosa e João Cabral são parte do viés brasileiro do *paideuma*. E na música, que sempre teve em Augusto *il miglior fabro*, compõem a linhagem: Webern, Pierre Boulez e John Cage. A alta densidade de informação teórica facilita muito a reflexão sobre a história do movimento. Embora as vanguardas tenham uma aliança inalienável com suas próprias postulações teóricas, e especialmente por intermédio de uma tradição "manifestária", penso que somente o surrealismo, encarnado em Breton, teve o fôlego de historiar a longo prazo seu próprio movimento da forma como o concretismo o faria três décadas mais adiante.

Ao desenvolver a pesquisa em torno dos conceitos de "museu imaginário" (via André Malraux) e de "arquivo" (via Foucault), Aguilar mostra a importância da incorporação das vanguardas aos museus, conceito aparentemente paradoxal, pois transforma em permanente algo que se pretende transitório e fora do âmbito da catalogação aurática da obra de arte.

É um gesto típico das vanguardas utilizar os jornais, os meios imediatos de comunicação de massa, para criar o debate e veicular de forma imediata seus postulados. Foi o caso do "Manifesto Futurista" de Marinetti, publicado ironicamente no tradicional *Le Figaro* de Paris (1909), e de Oswald de Andrade, que publica o "Manifesto da Poesia Pau Brasil", no *Correio da Manhã*, do Rio de Janeiro, e a segunda fase da *Revista de Antropofagia* no *Diário de S. Paulo*. No caso dos concretistas, publicam, no *Jornal do Brasil*, em *O Estado de S. Paulo* e na revista *ad-arquitetura & decoração* (1953-1957), parte da reflexão teórica mais importante. Não faltam referências à *Poesia-Experiência* de Mário

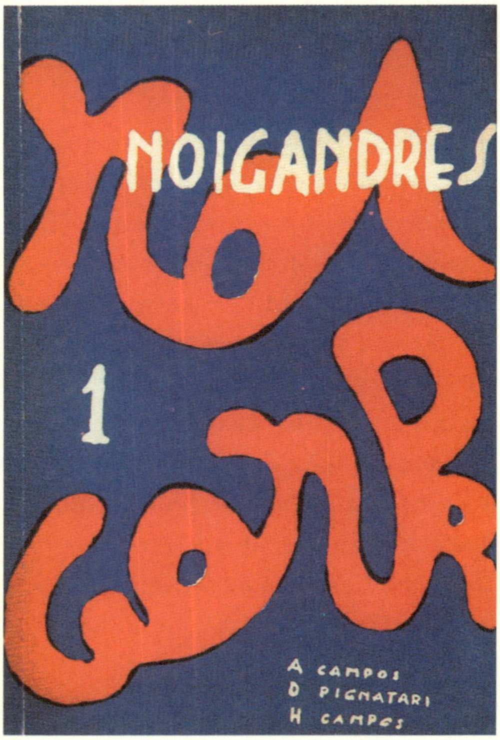

Reportagem do jornal *Última Hora* sobre a Exposição Nacional de Arte Concreta, em 1956, e capa da revista *Noigandres 1*, em 1952

Faustino (1956-1957). Isto para não falar das próprias revistas por eles criadas, *Noigandres* e *Invenção*, hoje verdadeiras raridades. Na melhor tradição moderna, a de refletir sobre seu próprio percurso, temos o volume, hoje em segunda edição, da *Teoria da Poesia Concreta*.

O livro de GA oferece uma arquitetura instigante. Se os primeiros capítulos percorrem uma vertiginosa história do movimento da Poesia Concreta, o terceiro capítulo faz um recuo cronológico estratégico, passando a analisar a Geração de 45. GA critica o retorno às formas classicizantes deste grupo, considerando-o um "ato de desmemória histórica". Destaca-se o papel diferencial de João Cabral e surgem os primeiros livros de poemas dos jovens concretistas com pouco mais de 20 anos de idade no momento de estréia (fica registrado o primeiro poema de Décio Pignatari, publicado em *O Estado de S. Paulo*, "O lobisomem", em 1948). Um capítulo admirável está inteiramente dedicado à temática da poesia urbana em Oswald de Andrade e na Poesia Concreta. Aguilar estabelece uma clara divisão entre a *cidade babélica*, em que Oswald seria a metonímia de uma caótica São Paulo, para culminar na *cidade-falanstério* da construção racional e planejada de Brasília, semelhante ao *design* da Poesia Concreta. (Penso que faltaria fazer uma ponte com o desvario urbano proposto por Mário, mencionado no capítulo *en passant*, cuja *Paulicéia desvairada* também se submete ao conceito de urbe babélica, mais até do que os orgânicos "Postes da Light" de Oswald. Outra possível ponte, que fica em aberto, são os projetos utópicos babélicos de Xul Solar, especialmente *Vuel Villa*). De São Paulo a Brasília, do babélico ao falanstério, opera-se a passagem da cidade para a metrópole, hoje megalópole. A partir daqui, Aguilar dedica capítulos às poéticas específicas dos irmãos "siamesmos", como Haroldo gostava de brincar. Augusto encaminha-se para uma poesia minimalista – trajetória coerente e que culmina com *Não*, de recente publicação – e para a composição computacional. Haroldo aponta em direção contrária, a da expansão serial e a da epifania, na monumental obra *Galáxias*, analisada no sexto capítulo. Aguilar destaca com propriedade a "reaparição elocutória do eu", que tinha desaparecido da fase ortodoxa da poesia, quando o grupo estava afinadíssimo com os pressupostos mallarmeanos. No didático capítulo dedicado às conclusões, Aguilar retoma de forma sintética o curso desta trajetória e a clara proposta de seu trabalho:

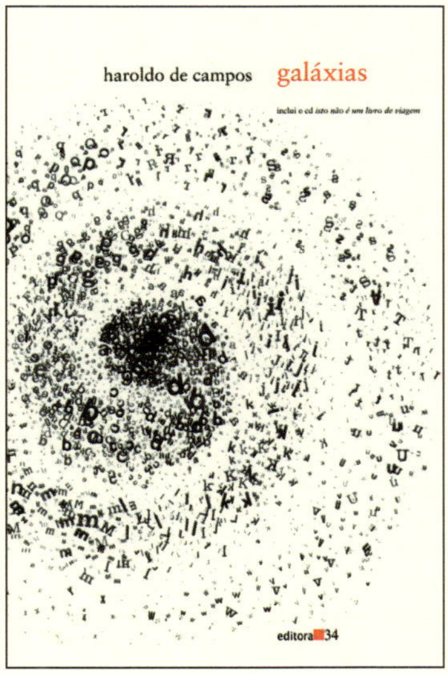

> Enquanto movimento de vanguarda, o concretismo atualizou as formas poéticas, procurou novas instâncias de diferenciação da obra, modernizou o *corpus* a partir da crítica e das traduções, e confiou na promessa utópica de integrar-se numa sociedade liberada. Em sua primeira etapa o fez mediante a categoria modernizadora do *design* que se propunha a transformar a vida cotidiana. Posteriormente, mediante a "forma revolucionária, confiou nos avatares da política para, finalmente, concentrar-se na cena midiática como o lugar de definição dos sujeitos culturais". Como todo movimento de vanguarda, comprometeu a liberação

da obra com os avatares da história. O não cumprimento desta promessa exige que estes poemas sejam lidos sob uma nova luz. É isto o que pretendi fazer neste livro.

Sousândrade

O capítulo final, incluído como "Anexo", fecha o livro com brilho. Trata-se do diálogo entre Antonio Candido e Haroldo de Campos (embora GA tenha o cuidado de esclarecer em nota que Candido nunca participou diretamente desta discussão). A polêmica de fundo tem a ver com os modos de construção de uma história da literatura, e como esta vai se definindo, nas especificidades estabelecidas por Sílvio Romero e Candido (os "momentos decisivos"), até chegar às postulações de Haroldo (cortes sincrônicos na diacronia). "Não há nada mais fácil do que criticar uma história da literatura e, ao mesmo tempo, nada mais difícil do que escrevê-la", afirma Aguilar com uma ponta de ironia. Ao comparar e contrastar Antonio Candido e Haroldo de Campos, Aguilar retoma o conhecido impasse de Gregório de Matos, da forma como foi tratado na *Formação da literatura brasileira* (1959), de Candido, e contestado com mais contundência por De Campos em *O seqüestro do barroco na formação da literatura brasileira: o caso de Gregório de Matos* (1989). Na realidade, GA de alguma maneira assume a poética da sincronia, só que, além do debate em torno de Gregório de Matos, ele se detém com minúcia e astúcia nas razões pelas quais Sílvio Romero e Candido minimizaram a importância de Sousândrade, e nos princípios que movem a reavaliação do autor de *O Guesa errante* por parte dos irmãos concretos (*ReVisão de Sousândrade*, 1964). O maior argumento é o de que a modernidade pauta-se por uma política de exceções poéticas que impedem a construção de sistemas literários sólidos, ancorados na série literária e que foram os pilares da crítica do século XIX. Ao desejo de totalidade e organicidade, opõe-se o que GA denomina de "trauma do inorgânico" em um poeta como Sousândrade, em que as viagens, ao contrário do exemplo de Gonçalves de Magalhães, não conduzem ao discurso da construção da nação, da saudade da terra, e de outros estereótipos românticos. "Um poema [*O Guesa errante*] que não é nostálgico e paradisíaco, mas infernal e caótico". GA é suficientemente astuto para alertar sobre os perigos da leitura sincrônico-retrospectiva: um sistema constituído apenas de exceções e da estética da ruptura, como valor permanente que, como gesto limite, pode chegar a prescindir da história. Não é o caso dos concretos, em especial de Haroldo de Campos, que sempre se interessou pela série histórica, com total conhecimento dos mestres do passado, alguns deles por ele re-entronizados, ou de Augusto de Campos, com a *Re-Visão de Kilkerry* (1971).

O livro encerra com uma rica e personalíssima cronologia, com a data inicial de 1950, que culmina, significativamente, com a morte de Haroldo de Campos em agosto de 2003. A contribuição de Gonzalo Aguilar é a prova de que estamos finalmente cruzando o meridiano de Tordesilhas, em um sofisticado diálogo capaz de enriquecer nossa própria historiografia literária. Em entrevista, Roberto Schwarz indaga-se: "acho mesmo o caso de perguntar pelo que aconteceu à vida cultural brasileira do último meio século para que algo tão limitado como a poesia concreta pudesse alcançar tanta eminência" (*Pesquisa Fapesp 98*). Para aqueles que ainda tem dúvidas, este livro de Gonzalo Aguilar veio para responder, de forma praticamente definitiva, a muitas de suas perguntas.

Reverberações

REYNALDO DAMAZIO

Depois dos momentos mais acalorados da discussão do concretismo, nos anos 50 e 60, é possível perceber as marcas que o movimento deixou na poesia brasileira na obra de autores consagrados e de poetas mais recentes

Passado meio século de seu lançamento, o movimento de poesia concreta suscita ainda discussões maniqueístas e redutoras, que costumam enquadrá-lo como uma espécie de "divisor de águas" na literatura brasileira contemporânea. Não raro, debatedores e comentaristas entram no clima de "Fla-Flu", como se as únicas possibilidades de reflexão se reduzissem aos termos apaixonados de "a favor" ou "contra". Com isso, saem perdendo a crítica e a poesia.

Com o distanciamento histórico fica claro que os postulados mais radicais do concretismo, expressos no "Plano-piloto para a poesia concreta" de 1958 – no sentido da depuração formalista do verso e da orientação verbi-voco-visual – fizeram parte de uma estratégia muito bem articulada e coerente proposta pelo trio de idealizadores do movimento, os irmãos Augusto e Haroldo de Campos e Décio Pignatari. Com os desdobramentos históricos, insisto, da obra dos fundadores, bem como daqueles poetas que se aproximaram do concretismo e dos que lhe deram seguimento, nota-se o progressivo distanciamento dos aspectos mais dogmáticos e a rica multiplicação de caminhos, tanto estéticos como ideológicos.

Se por um lado os trabalhos de Augusto de Campos e Pignatari deram continuidade à pesquisa com a semioticidade do texto (em poesia visual, no primeiro; e na prosa, no segundo); por outra parte Haroldo expandiu o terreno de investigação para os confins do barroco, ou do neobarroco, e retomou inúmeras vezes a linha do verso,

José Lino Grünewald (esq.) e Max Bense, no Rio de Janeiro, em 1961

sempre com inquietação construtiva, mas atado inquestionavelmente aos ditames do discurso. Tal fato, ao contrário de sinalizar alguma capitulação, demonstra a contraditória plasticidade do fato literário em seu diálogo com a realidade.

Para além desse "núcleo duro" da poesia concreta, formado pelos irmãos Campos e Pignatari, pode-se vislumbrar uma gama variada de dicções e projetos estéticos muito interessante que, se não emergiu da proposta literária original, certamente trouxe novas colorações e investigações estruturais, consolidando a vanguarda concretista em nossas letras. Talvez valha a pena observar a produção "de fora para dentro" do movimento, ou seja, a partir daqueles poetas que em situações diversas estabelecerem com o concretismo uma relação estreita, por razões e modos distintos.

A dissidência do poeta Ferreira Gullar é sem dúvida emblemática dos desacordos inevitáveis entre as idiossincrasias pessoais e os postulados gerais do movimento. Gullar aproximou-se dos concretos a partir de uma encruzilhada criativa pessoal, de uma profunda insatisfação com a linguagem poética, sinalizada de modo exemplar no poema "Roçzeiral", de fevereiro de 1953, no qual esfrangalha o verso e o reduz a andrajos impronunciáveis, como na seguinte estrofe:

Dê seque peles
perseques rijes
curraçanádus
pur flor
oblófs!

Todo o poema remete a um esgotamento da expressão, a uma violenta desintegração do lirismo e do próprio sentido de belo. Segundo Gullar, havia nesse gesto desesperado a "tentativa de encontrar uma linguagem menos abstrata, não-conceitual, não manipulada, e mais próxima possível da experiência sensorial do mundo". O encontro com o rigor da pesquisa concretista parecia inevitável. Mas a relação foi passageira, pois o poeta maranhense não aceitou as premissas formais do "Plano-piloto". Lidos agora, os poemas concretos de Gullar são pálidos, mecânicos, excessivamente presos a estruturas pré-estabelecidas, quase programáticos.

O salto qualitativo na obra de Gullar viria, curiosamente, duas décadas mais tarde com a publicação do espetacular *Poema sujo*, em que a agonia da expressão pessoal se junta aos resquícios da memória, à consciência política do presente, ao trauma do exílio e ao rastro da experiência concretista, para gerar um texto perturbador e de rara beleza. Não parece exagerado afirmar que o melhor do experimentalismo de Gullar foi logrado justamente depois de seu rompimento intempestivo com os poetas concretos.

Outro exemplo sintomático na relação de aproximações e recuos com o concretismo é o do excelente poeta, tradutor e ensaísta José Paulo Paes. Aqui não houve rupturas e desafetos, mas um convívio pacífico, de respeito e fertilizações mútuas. A partir dos anos 60 – momento em que os concretos enveredaram por uma fase participativa: "Greve", de Augusto de Campos, é de 1961; e o belo poema-livro de Haroldo, *Servidão de passagem*, de 1962 – Paes incorpora à sua poesia os procedimentos da vanguarda paulistana, mas em chave muito pessoal, com humor, auto-ironia e crítica social, reduzindo o poema aos cacos de uma realidade social que se degrada politicamente. O livro *Anatomias*, de 1967, traz pérolas antológicas, como o poema "Trova do poeta de vanguarda ou The médium is the massage", em que ironiza as teorias de comunicação de massa (referência a Marshall

McLuhan) com a estrutura textual do trava-língua, além de evocar o mito da esfinge:

se me decifrarem
recifro
se me desrecifrarem
rerrecifro

se me desrerrecifrarem
então
meus correrrerrecifradores
serão

Não se trata de um poema concreto *tout court*, mas incorpora ao arcabouço construtivista do poético a corrosão iconoclasta, como o

Reproduzido de *Arte Concreta Paulista*, Cosac Naify

Haroldo de Campos e Max Bense, em Stuttgart, 1960

chiste a implodir as duras paredes da racionalidade. Além da crítica, ou da autocrítica, há o deboche e a soltura do improviso, das imperfeições da vida que tomam de assalto o poema. Paes ainda explorou a técnica de colagens e realizou ótimos *ready-mades* a partir de fotos com placas de rua, que estão nos livros *Meia palavra* (1973) e *Resíduo* (1980). Segundo Alfredo Bosi, o que atraiu o poeta para o experimento vanguardista foi "a possibilidade de fundir a sua palavra rebelde com instrumentos que levassem mais depressa – ou mais eficazmente – o seu *não* aos velhos e novos mitos da civilização burguesa". Objetividade e graça: crítica do rigor e rigor da crítica.

Gullar e Paes já haviam consolidado sua formação intelectual quando se aproximaram do concretismo. Outros poetas que aparecem associados ao movimento, como José Lino Grünewald, Edgard Braga e Pedro Xisto, também dispunham de uma trajetória poética bem definida, especialmente os dois últimos. Por isso, reduzir sua obra ao estrito campo do movimento concreto pode resultar numa grave injustiça, como se ambos fossem autores periféricos, ou de importância secundária, quando na verdade foram poetas bastante originais e produtivos.

Braga nasceu com o simbolismo, em 1898, atravessou o modernismo, a geração de 45 e finalmente tornou-se concretista. Sua produção, dos anos 60 em diante, é talvez a mais irrequieta de que se tem notícia na poesia brasileira contemporânea. Poemas-rabiscos, garatujas concretas, carimbos, borrões, colagens de palavras e letras, grafismos alucinados, desenhos primitivos que se fundem com textos, exploração inventiva com texturas da página e com a impressão das palavras: toda matéria gráfica interessa para o caldeirão do poeta-bruxo. A poesia de Braga é anárquica, visualmente subversiva, e tem uma visceralidade que nenhum *beatnik* ou *neobeatnik* jamais chegou perto, nem mesmo nos registros lisérgicos de William Burroughs.

Se acompanhada em sua evolução histórica, pode-se dizer que a obra de Braga se "libertou" com o concretismo, ou como disse Augusto de Campos: "sua poesia está solta". Arnaldo Antunes é o poeta que melhor seguiu essa trilha, agregando uma roupagem *pop* e elementos publicitários ao primitivismo de Edgard Braga.

Pedro Xisto é também um caso singular. Nascido em 1901, tornou-se conhecido como participante do movimento concreto, ao qual se engajou em 1958. Ao contrário de Braga, sua poesia tem o rigor e a precisão do *design*, são peças bem construídas imageticamente, com um aproveitamento equilibrado dos elementos gráficos e uma racionalidade titânica no ordenamento topográfico de palavras, fontes e a superfície da página. É marcante sua ligação com a cultura oriental. A primeira metade de seu livro *Caminho* (1979) traz uma longa série de haicais, talvez os melhores já escritos no Brasil. Superam em muito as tentativas edulcoradas de um Guilherme de Almeida, por exemplo. Na segunda metade do livro, Xisto reúne sua criação propriamente concreta, em que se destacam trabalhos visuais de belíssima fatura e que muitas vezes tangenciam as artes plásticas, como as séries "Epitalâmio" e "Mandala", ou o famoso "Zen".

Ensaio de José Lino Grünewald publicado em 1958 na *Revista do Livro*

Considerado poeta bissexto, José Lino Grünewald acabou se destacando como excelente crítico de cinema, tradutor e ensaísta. Realizou poemas concretos muito colados aos padrões de cartilha, com bons achados, mas sem um vôo próprio, ao menos no período de vigência do movimento. O problema dos poemas concretos que seguiam fielmente as determinações formais do programa é que são muito semelhantes entre si e fica difícil estabelecer a marca autoral. Se colocados lado a lado, sem assinatura, podem muito bem passar por obra de um único autor. Grünewald, no entanto, foi um intelectual de grande envergadura.

Lamentavelmente, o relativo esquecimento de poetas como Xisto e Braga encobre a qualidade de obras que, apesar de seu atrelamento ao ideário concretista original, têm uma contribuição singular à poesia contemporânea, nos seus aspectos mais questionadores da própria linguagem e dos meios de expressão. Não há dúvida de que a poesia concreta deu as condições para o amadurecimento da obra desses poetas, mas ambos enriqueceram o conteúdo programático com intervenções pessoais de valor inegável.

No outro pólo do contexto da época, ocorre uma relação curiosa de contatos entre poetas consagrados – como Bandeira, Drummond, João Cabral e Murilo Mendes – e a poesia concreta. Passado o susto e o estranhamento dos primeiros momentos, houve o reconhecimento de que o concretismo representava uma ruptura com o ambiente pós-modernista de 45 e colocava em circulação questões estruturais referentes à poesia de maneira inédita e inovadora no jovem e incerto ambiente de nossa tradição literária. Aos poucos, os "medalhões" da poesia começaram a prestar atenção à proposta radical do triunvirato paulistano.

O encontro de Décio Pignatari com João Cabral na Europa é sobejamente conhecido e comentado, revelando a busca de referência e de credibilidade junto a um poeta que foi considerado canônico no *paideuma*. Cabral, no entanto, viu naqueles poemas visuais algo próximo da publicidade. O poeta pernambucano sempre esteve preso ao verso, à estrofe, ao poema narrativo, com ritmo e métrica, embora seco de lirismo e adjetivação desnecessários. No entanto, a seriação construtiva e a incorporação da metalinguagem na tessitura do poema – não como tema, mas como forma – em Cabral tem muito a ver com a elaboração consciente da linguagem poética defendida pelos concretos.

O livro *Agrestes*, que enfeixa poemas escritos entre 1981 e 85, é aberto por um poema-dedicatória a Augusto de Campos, em que Cabral se desculpa por fazer sempre o mesmo tipo de poesia, "em linha vizinha à prosa". Mais do que uma explicação por não corresponder às expectativas da vanguarda, porém, o poema de Cabral justifica sua poesia como diversa daquela que se diz inspirar: "ela que hoje da janela/ vê que na rua desfila/ banda de que não faz parte,/ rindo de ser sem discípula". Ao mesmo tempo em que reverencia a inventividade da poesia de Augusto de Campos ("de distinta liga de aço"), Cabral proclama sua autonomia, sua voz solitária.

Dois poetas imensos da modernidade brasileira, se podemos dizer assim, com Bandeira e Drummond digeriram, cada um a seu modo, o impacto do concretismo, sem adesões explícitas. Bandeira escreveu poemas concretos em duas séries – "Composições" e "Ponteios" – que fazem parte do livro *Estrela da tarde*, de 1963. Os poemas foram escritos logo depois das exposições de arte concreta em São Paulo e no Rio de Janeiro, respectivamente em 1956 e 57. Em que pese a inteligência de textos como "O nome em si" e "Flabela", são poemas anódinos, meros exercícios, sem a menor relevância para sua obra, como se Bandeira quisesse demonstrar que também era capaz de fazer aquele tipo de literatura. Um gesto simpático de camaradagem, por assim dizer.

Já o caso de Drummond é mais interessante, pois o poeta também não se rendeu ao cântico da sereia vanguardista, mas parece ter assimilado parte significativa da pregação concretista nos livros *Lição de coisas* (1962) e *As impurezas do branco* (1973), obtendo resultados surpreendentes de fusão do experimentalismo vocabular com suas inquietações pessoais, como ocorre especialmente no poema "Isto é aquilo", do primeiro livro.

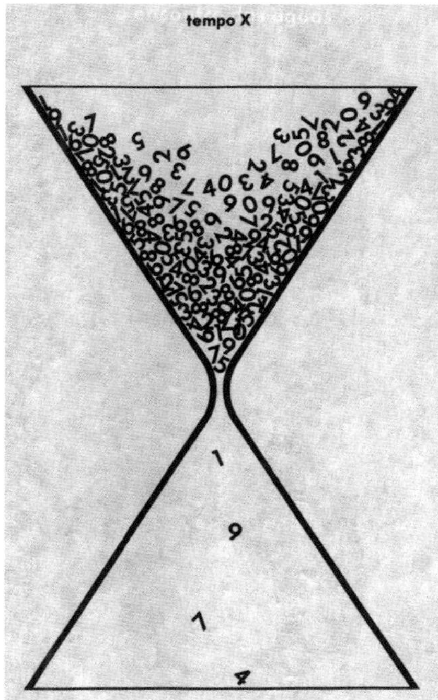

Poema "Tempo X" de Pedro Xisto

Trata-se de uma obra-prima da poesia concreta escrita por um autor consagrado e não concreto. A dúvida existencial, o desalento com a linguagem, a crítica ao mundo absurdo e hostil estão ali arquitetados num jogo sutil de encontros vocabulares, em estrutura binária recorrente, explorando os choques de sentido entre palavras, que por sua vez se reflete no atrito de rimas e anagramas internos. O efeito especular toca fundo o leitor, pois transcende o evidente aspecto da diagramação na página, provocando um corte desconcertante na leitura, através do estranhamento intencional que encena.

Mestre da ironia e crítico perspicaz, Drummond jamais aderiria a qualquer proposta literária, ou movimento estético, abrindo mão de sua busca pessoal. No entanto, sua aguda consciência dos abismos da linguagem poética no século XX e da inutilidade do poema, o olhar crítico que perpassa sua escritura desde o princípio são elementos que o tornam sensível ao rigor obsessivo pela construção do poema no concretismo. No ensaio "Drummond, mestre de coisas", Haroldo de Campos analisa com pertinência tais aspectos, ressaltando que no livro *Lição de coisas* "há (...) a consideração do poema como objeto de palavras, a resolução última de tudo – emoção, paisagem, ser, revolta – na suprema instância da coisa-palavra".

Obra polimorfa, irregular, caudalosamente discursiva – marcada pelo contágio do surrealismo e a conversão ao catolicismo – como a de Murilo Mendes talvez seja a que mais dificuldade apresenta para

Capa do livro *Caminho*, de Pedro Xisto, 1979

uma aproximação com o concretismo. No entanto, a seção "A palavra circular" do livro *Poliedro* (1965-66) é dedicada a Haroldo de Campos. Uma deferência, ou reconhecimento ao importante trabalho criativo, ensaístico e tradutório do autor de *Galáxias*. No entanto, não há nada de concretismo nos textos, mas, ao contrário, uma série de aforismos, reflexões filosófico-teológicas, anotações pessoais, indagações, imagens, abstrações, em suma, prosa surrealista e algum experimentalismo com a linguagem discursiva, sem planejamento ou qualquer objetividade articuladora. Murilo Mendes propugnava uma poesia da liberdade, pois se dizia *enfant-terrible*: "indisciplinado, irregular, insatisfeito".

No terreno das relações internacionais, deve-se frisar o diálogo com autores que vinham realizando, de maneira pessoal e isolada, um tipo de experimentação com o signo poético que se encaixava nos objetivos propostos pela poesia concreta, como o suíço-colombiano Eugen Gomringer, o norte-americano E. E. Cummings, o mexicano Octavio Paz, o italiano Giuseppe Ungaretti, o cubano Severo Sarduy, o catalão Joan Brossa, entre outros. Seria um equívoco grosseiro dizer que tais autores foram concretistas, ou que o concretismo tenha sido determinante no rumo de suas obras. Houve, em momentos e graus diversos, pontos de encontro de alta voltagem criativa e intelectual, celebrados por transcriações iluminadoras, como na versão do poema "Blanco", de Paz, por Haroldo; e nas versões de Cummings, por Augusto.

Nesses encontros "transpoéticos" interessa menos o fato de que um ou outro poeta internacional possa justificar a experiência que aqui se fazia, mas a possibilidade de ampliação no percurso investigativo dos aspectos plásticos da linguagem poética, em seu intercurso histórico, como fenômeno cultural. Jamais como um produto estético isolado, auto-suficiente e descarnado das impurezas do tempo.

Observadas as obras de cada poeta acima, nota-se que estão muito longe do cerne mais radical do "Plano-piloto". Nenhum deles endossaria, com seus respectivos trabalhos poéticos, *in totum*, o fim do "ciclo histórico do verso", o predomínio da "forma geométrica e a matemática da composição", o poema como "objeto útil" etc. Por outro lado, configuram vertentes que se aproximam na "responsabilidade integral perante a linguagem". O que os permite convergir, em suma, são os modos de elaboração do poema e não uma teoria do poema, ou uma teoria das formas poéticas, que, aliás, deve vir normalmente *a posteriori*.

É nesse sentido que talvez seja oportuno encerrar estas breves notas com a menção a uma primeira geração de poetas brasileiros que se formou no período de atuação do movimento da poesia concreta, notadamente a partir dos anos 1970, e que por caminhos muito diversos, com recursos estéticos próprios, levou adiante o compromisso com o rigor e com a elaboração crítico-construtiva do poema, como Sebastião Uchoa Leite, Paulo Leminski, Duda Machado, Carlos Ávila, Régis Bonvicino, Antonio Risério, Sérgio de Castro Pinto, Nelson Ascher, entre outros.

Não há espaço agora para refletir sobre as peculiaridades da influência do concretismo nesses autores, mas importa destacar que as relações de cada um com a poesia concreta têm lá suas tensões históricas e todos eles beberam na fonte concretista para enfrentar a complexa releitura da tradição modernista que está em pauta hoje, sem manifestos, programas e grandes rupturas. Esse processo de reelaboração crítica já inclui a participação dos "netos e bisnetos" de *Noigandres*.

Bibliotecas

Com 300 mil livros, a Biblioteca Mário de Andrade é um marco da vida cultural de São Paulo. Tudo começou há 80 anos, em 1926, quando a Biblioteca Municipal de São Paulo ganhou seu primeiro endereço, na rua 7 de Abril, onde funcionou por 15 anos. Foi lá que começou esta história que culminou, em 1942, na inauguração do edifício da rua da Consolação, onde funciona até hoje. Nessa seção, a RBMA traz um ensaio do arquiteto Carlos Lemos sobre a construção do atual prédio da biblioteca; um artigo de Jorge Couto, diretor da Biblioteca Nacional de Portugal, sobre a importância da digitalização dos acervos; e ensaio da antropóloga Lilia Schwarcz sobre o desembarque da Real Biblioteca no Brasil, no começo do século XIX.

Formação da biblioteca, contradições da modernização

MANUEL DA COSTA PINTO

Os 80 anos da Biblioteca Mário de Andrade (BMA) não descrevem apenas os períodos de altos e baixos de um dos mais importantes acervos de livros do país: nessa história, misturam-se projeto político e personalismo, vanguarda e subdesenvolvimento, utopia e colapso – fazendo da BMA um emblema das contradições da modernização brasileira.

Os depoimentos e registros sobre a criação da biblioteca costumam destacar a iniciativa de alguns intelectuais – Mário de Andrade, Rubens Borba de Morais, Sérgio Milliet – que tentaram criar uma instituição cultural sólida num meio caracterizado pela fragilidade institucional e pelo menosprezo em relação à cultura.

Entretanto, não seria lícito fazer um retrato esquemático – nos termos de uma oposição simplista entre modernidade e arcaísmo – do contexto em que a BMA surgiu. Afinal, as personagens e forças político-econômicas normalmente apresentadas como obstáculos ao projeto de uma biblioteca municipal foram as mesmas que estiveram no centro dos processos históricos que fizeram de São Paulo uma espécie de laboratório da modernidade (ou campo de prova de seus fracassos). Na mão contrária, os atores de ações políticas emancipadoras nunca deixaram de carregar os vestígios de uma sociedade estratificada e com baixa representatividade.

A gênese da BMA é indissociável de alguns traços bastante peculiares do modernismo brasileiro – e isso não apenas pelo fato de ter sido batizada com o nome de um dos protagonistas da Semana de 22. Assim como as vanguardas dos anos 20 eram menos a conseqüência da modernização do que desejo de implantá-la, a criação de instituições culturais fortes – como universidades e bibliotecas – atendia ao plano de semear a cultura em terra praticamente virgem.

No caso específico da biblioteca, não existia em São Paulo uma disseminação de acervos que exigisse a construção de um edifício e de um organismo centralizadores. Daí o fato de a BMA ter sido iniciativa de uma elite ilustrada, responsável pela elaboração quase simultânea de todo um aparelho oficial para a cultura, lançando mão de bibliotecas particulares para formar um acervo público.

O antecedente imediato da biblioteca foi o surgimento – durante a gestão de Armando Sales de Oliveira na administração estadual e de Fábio Prado na prefeitura – de um Departamento de Cultura cuja história está em boa parte documentada na *Revista do Arquivo Municipal de São Paulo*.

Na edição de janeiro/fevereiro de 1946, em homenagem a Mário de Andrade (morto no ano anterior), Paulo Duarte relembra a criação do departamento, em 1934: "Éramos um núcleo pequeno: Mário de Andrade, António de Alcântara Machado, Tácito de Almeida, os três já mortos. Sérgio Milliet, Rubens Borba de Morais, António Carlos Couto de Barros, Nino Gallo".

Mais à frente, Duarte faz duas observações importantes. Na primeira, comenta a função estratégica da iniciativa paulista: "Nós sabíamos que o Departamento era germe do Instituto Brasileiro de Cultura. Primeiro, um Instituto Paulista, que Armando Sales no Governo já nos garantira. Para isso o projeto do Departamento do Patrimônio Histórico e Artístico de São Paulo lá estava na Assembléia Legislativa, ladrado embora pela cachorrada solta do despeito e da incompreensão. Depois, com Armando Sales na presidência da República, seria o Instituto Brasileiro, uma grande fundação libertada da influência política, com sede no Rio, inicialmente instalados, além de São Paulo, paradigma, outros núcleos em Minas, no Rio Grande do Sul, na Bahia, em Pernambuco e no Ceará".

Ou seja, a criação de um órgão da administração pública fazia parte de um projeto cultural que deveria irradiar a partir de São Paulo – projeto edificante, não há dúvida, mas que colocava o pólo paulista como "paradigma" para o resto do país, chocando-se com a agenda do governo federal. A menção à candidatura de Armando Sales de Oliveira à presidência é sintomática: a política cultural dessas elites paulistanas era uma aposta que dependia da ascensão de um de seus representantes ao poder central.

Lançando-se como postulante ao cargo em fevereiro de 1937, Armando Sales veria suas ambições frustradas com a instauração, no mesmo ano, do Estado Novo. O regime de exceção decretado por Getúlio Vargas representou uma guinada ditatorial dentro de um embate que, todavia, envolvia forças que comungavam uma idéia de "modernização autoritária" que se estende do populismo dos anos 30 à ditadura militar iniciada 1964, passando pelo governo de Juscelino Kubitschek nos anos 50 – no qual a construção de Brasília mostra a face dourada desses projetos modernizantes.

Nesse contexto, cada iniciativa revela variações sutis sobre o mote de uma superação do atraso que só pode ser vibrada a partir de cima – algo perceptível mesmo no plano micropolítico da criação de uma biblioteca pública. Em outra passagem de seu depoimento, Paulo Duarte faz um comentário que desvela a origem de algumas coleções que integram o acervo da BMA: "Comprou-se a biblioteca Félix Pacheco. E a de Alberto Lamego. E os manuscritos de Rui. (...) Nunca mais São Paulo deixaria dispersar-se biblioteca que nem a de Eduardo Prado, que nem a de Alfredo Pujol!"

Obviamente, esse trecho mostra uma preocupação salutar com a preservação de coleções que passariam a integrar os tesouros hoje guardados na Mário de Andrade. A compra, em 1936, da biblioteca de Félix Pacheco (ministro das Relações Exteriores de Artur Bernardes) permitiu a conservação de obras raras e de uma "Brasiliana" (coleção de livros e estudos sobre o Brasil) que constitui fonte imprescindível para leitores e pesquisadores. O mesmo se aplica aos manuscritos e às obras antigas de Rui Barbosa, doados por seu genro, Batista Pereira, em 1937.

Ou seja, o fato de ter incorporado em 1939 o acervo de 70 mil exemplares da Biblioteca Pública do Estado não cancela o fato de que as estantes da instituição municipal começaram a ser preenchidas com coleções privadas e por iniciativa individual de alguns intelectuais – e não pela implementação sistemática de uma política pública.

Em mais de um depoimento sobre a formação da BMA, seus destinos e entraves, percebem-se as tensões e contradições dos projetos de modernização. Mário de Andrade assumiu o Departamento de Cultura em 1935, a convite do prefeito Fábio Prado, mas deixou o cargo em 1938, por causa de divergências com o novo prefeito, Prestes Maia, empossado no mesmo ano. Nesse meio tempo, o bibliófilo Rubens Borba de Morais (que entrara no departamento junto com o autor de *Paulicéia desvairada*) se encarregou da construção do novo edifício da Biblioteca Pública Municipal – que havia sido instalada na rua 7 de Abril em 1926. À frente da Divisão de Bibliotecas, herdou de Mário de Andrade não apenas o projeto da nova sede, mas também a rixa com Prestes Maia.

As mudanças acarretadas pelas intervenções do novo prefeito são detalhadas no ensaio de Carlos Lemos publicado a seguir – e também pelos depoimentos de Borba de Morais à *Revista do Arquivo Municipal de São Paulo* e à *Revista da Biblioteca Mário de Andrade* (RBMA), num exemplar comemorativo do qüinquagésimo número de uma publicação que começara a circular em 1943 como *Boletim Bibliográfico* e que mudava de nome a partir dessa edição de 1992.

Ali, aparecem de novo divergências políticas nas quais não se pode neglicenciar um personalismo que sempre marcou a vida pública brasileira. Nomeado pelo Estado Novo, Prestes Maia fechou o Departamento de Cultura e interrompeu a construção do novo prédio da biblioteca, iniciada no ano de sua posse. Relatados de modo seco, esses fatos sugerem que Prestes Maia era o executor insensível das ordens de um governo obscurantista. Entretanto, suas diferenças em relação a Borba de Morais e as novas diretrizes que deu a sua administração se inserem num ambicioso projeto de urbanização da cidade: o "Plano de Avenidas".

Concebido com Ulhôa Cintra e publicado em 1930, o projeto se inspirava em eixos criados por Haussmann na Paris do século XIX e só pôde ser executado parcialmente, devido a restrições orçamentárias, quando Prestes Maia chegou à prefeitura. Entre 1938 e 1945 – conforme escreve José Alfredo Vidigal Pontes na revista *Cidade* (nº 4, DPH/SMC, 1996) – ele concluiu obras iniciadas por Fábio Prado (viaduto do Chá, avenida e túnel Nove de Julho, estádio do Pacaembu), transformou as ruas Ipiranga e São Luís em bulevares e abriu as avenidas Duque de Caxias, Liberdade e Vieira de Carvalho, marcas hoje decadentes de uma elegante concepção do espaço urbano. (Amostra abrangente dos projetos que saíram da planilha do engenheiro-arquiteto e de seus colaboradores está no livro *Prestes Maia e as origens do urbanismo moderno em São Paulo*, Benedito Lima de Toledo, Empresa das Artes, 1996.)

Dentro disso, não é difícil supor que o projeto encomendado por Borba de Morais a Jacques Pilon não se enquadrasse em suas idealizações urbanísticas – o que acabaria redundando nas distorções apontadas por Carlos Lemos. Ironicamente, o prefeito era um bibliófilo que possuía raridades hoje depositadas na Biblioteca Municipal de Santo Amaro – como uma primeira edição dos *Pensamentos filosóficos* de Diderot e a tradução francesa dos *Lusíadas*, de Camões, datada de 1776 –, mas sua gestão não deixou de sacrificar o projeto do Departamento de Cultura e o plano inicial da biblioteca a suas próprias ambições de administrador e urbanista.

Ainda assim, entrevistas dos arquitetos Benedito Lima de Toledo e Nestor Goulart Reis Filho publicadas na revista *Cidade* (nº 4, DPH/SMC, 1996) destacam que a conclusão do edifício da Biblioteca Municipal de São Paulo dever ser considerada parte do legado arquitetônico de Prestes Maia, que a inaugurou oficialmente no dia 25 de janeiro de 1942 (data de aniversário da cidade).

O personalismo que atravessa as decisões políticas não impediu, contudo, que a biblioteca se transformasse desde o início numa instituição autônoma e criasse à sua volta uma cultura do livro. Nesse sentido, um dos momentos mais importantes nos capítulos iniciais da BMA foi o surgimento do primeiro curso de biblioteconomia de São Paulo. Criado por Rubens Borba de Morais em 1936, o curso funcionou inicialmente com o apoio do Departamento de Cultura da prefeitura e, com a crise instaurada no departamento pela gestão de Prestes Maia, passou em 1940 à responsabilidade da Escola Livre de Sociologia e Política.

A partir da saída de Borba de Morais, os destinos da biblioteca continuariam marcados pelas colisões de políticas culturais sem continuidade e à mercê da iniciativa de seus diretores. Por isso, mazelas à parte, a gestão de Sérgio Milliet – que se estendeu de 1943 até sua aposentadoria, em 1959 – talvez tenha sido a idade de ouro da Biblioteca Municipal (que só em 1960 receberia o nome do escritor Mário de Andrade, pelo qual é hoje conhecida).

Sociólogo, crítico literário e de artes plásticas, tradutor dos *Ensaios* de Montaigne e dos *Pensamentos* de Pascal, Milliet assinava desde de 1940 uma das mais prestigiadas colunas da imprensa cultural brasileira, com resenhas e reflexões que seriam reunidas posteriormente nos dez volumes de seu *Diário crítico*, um monumento do ensaísmo brasileiro. Durante seu período como diretor da BMA, foi criado o setor de microfilmagem e a Seção de Artes, além do *Boletim Bibliográfico* que circulou intensamente (embora com alguns períodos de interrupção) até transformar-se na *Revista da Biblioteca Mário de Andrade*, de periodicidade menos regular (como se pode ver pelo índice geral da publicação, ao final da presente edição).

Caracterizado por uma programação efervescente de debates e mesas-redondas, o período reverberava a personalidade caleidoscópica de Milliet, que durante sua gestão também acumulou funções como diretor do Museu de Arte Moderna e da Bienal de São Paulo. Na década posterior a sua saída, a BMA continuaria sendo uma referência para a vida cultural da cidade, entrando em processo de deterioração a partir de 1969.

Esse declínio se deve a diferentes fatores, podendo-se especular sobre dois deles. Em primeiro lugar, as vicissitudes política que sempre vitimaram a instituição eram compensadas pelo empenho pessoal de seus diretores (daí a identificação da biblioteca com as figuras de Rubens Borba de Morais e Sérgio Milliet); entretanto, num período de perseguições como aquele iniciado em 1968 (ano do AI-5), estava praticamente neutralizada a possibilidade de qualquer resistência pessoal.

Em segundo lugar, e como decorrência do regime militar, aquela "modernização autoritária" citada incialmente canibalizou o centro da cidade, criando novos pólos sociais para as classes-médias e expondo o *apartheid* cultural brasileiro – no qual o lumpesinato e a população pobre que circulam pela abandonada região central não estão aptos a usufruir de uma biblioteca, provocando sua decadência.

Nas memórias de intelectuais e escritores que freqüentaram a Mário de Andrade, biblioteca e seu entorno são descritos sempre com as tintas do lirismo ou com o ímpeto anárquico que os encontros públicos propiciavam. Numa crônica de 1951, Milliet escreve que "São Paulo acarinha e reconforta nessas tardes em que a gente, como diria Mário de Andrade, 'se torna abril'. (...) é uma cidade pitoresca, jovem demais para ser chata e já bastante idosa para que nos ofereça o encanto de uma maturidade atraente".

No texto publicado na presente edição da RBMA, Carlos Lemos fala dos encontros na biblioteca envolvendo artistas como Marcello Grassmann, Mário Gruber e Aldemir Martins. O dramaturgo Manoel Carlos e o filósofo Bento Prado Jr. relembraram, na edição comemorativa dos 50 anos da publicação, o grupo dos "Adoradores de Estátua", como ficaram conhecidos os estudantes, artistas e boêmios que iam do saguão da biblioteca (onde está "A Leitura", escultura de Caetano Fraccaroli) para os bares das adjacências. E o poeta Claudio Willer deu, em texto publicado na revista *Cidade*, um testemunho de como a geração composta por espíritos irreverentes como Lindolf Bell, Roberto Piva e Jorge Mautner fazia do coração da cidade o seu cenário: "Havia um centro e um roteiro, balizado por bares de mesas na calçada – o último *footing*, da Biblioteca até a esquina-Sampa, seguindo pela São Luís".

A partir dos anos 70, entretanto, as recordações desse período de convívio e reinvenção da urbanidade cessam – como se o centro de São Paulo e a Biblioteca Mário de Andrade, um de seus mais eloqüentes emblemas, estivessem à espera de um novo enredo.

O edifício da Biblioteca Municipal Mário de Andrade

CARLOS LEMOS*

Como historiadores e cronistas em geral já disseram, a cidade de São Paulo, nos tempos coloniais, nunca teve uma vida intelectual significativa e, nela, os livros eram contados nos dedos. Coleção de obras que pudesse constituir o que hoje chamamos de biblioteca, naquela época, talvez pudesse ser encontrado nos conventos e mosteiros dos franciscanos, beneditinos e, sobretudo, jesuítas, os fundadores do Colégio. Certamente, só no início do segundo quartel do século XIX é que podemos vislumbrar uma incipiente biblioteca destinada aos jovens estudantes da Academia de Direito e também de uso público, criada pelo primeiro presidente da Província de São Paulo, o mineiro Lucas Antonio Monteiro de Barros, visconde de Congonhas. Livros pousados em algumas estantes improvisadas entre as taipas mais que centenárias da casa dos franciscanos.

A construção do prédio da biblioteca é um documento da concepção cultural de pessoas como Fábio Prado, Mário de Andrade, Rubens Borba de Morais, Sérgio Milliet, Jacques Pilon e Francisco Prestes Maia.

Somente cerca de cem anos depois da gestão daquele operoso político, a quem São Paulo muito deveu, é que pela primeira vez se constrói na cidade um edifício programado para sediar uma biblioteca pública do município. Isso ocorreu graças a um decreto do prefeito Firmiano de Morais Pinto, de 1925. Até então, tal livraria municipal

* Carlos Alberto Cerqueira Lemos é arquiteto, artista plástico e professor no Departamento de História da Arquitetura e Estética do Projeto da Faculdade de Arquitetura e Urbanismo da USP. Como colaborador do escritório paulistano de Oscar Niemeyer participou, entre outros trabalhos, do projeto do parque Ibirapuera. É autor de diversos livros sobre arquitetura brasileira, entre eles, *O que é arquitetura* (Brasiliense) e *A casa paulista* (Edusp)

era de uso restrito dos funcionários. Essa biblioteca foi levantada na Rua Sete de Abril no estilo neoclássico ainda dentro do ecletismo próprio das construções oficiais e era encimada por enorme estátua de *Pallas Athené*, a deusa da sabedoria, como foi explicado ao povo. Talvez a exigüidade do terreno, talvez imprevisão quanto ao crescimento do acervo de volumes tornaram aquela biblioteca incapaz de acomodar a livraria em expansão. Em 1934, retorna-se à improvisação com o ajustamento de ampla residência. Em 1938, junta-se à biblioteca municipal aquela pertencente ao Estado e agrava-se o que já estava agravado. Novo edifício impõe-se.

Naquele mesmo ano de 1934 em que os mais de 40 mil volumes da biblioteca estadual juntam-se aos livros do município, toma posse na Prefeitura de São Paulo o ainda mal compreendido vulto paulistano Fábio Prado. A intelectualidade arejada da cidade recebe esse fato com a maior satisfação, porque estava antevendo que certamente a mediocridade nos saberes e procedimentos do mundo oficial iria sofrer impactos modernizadores. Mário de Andrade à frente e mais Rubens Borba de Morais, Paulo Duarte, Alcântara Machado, Sérgio Milliet e mais outros foram então os responsáveis por um movimento cultural sem precedentes, donde acabou resultando o Departamento de Cultura da municipalidade.

Coube a Rubens Borba de Morais dirigir a Divisão de Bibliotecas. Na época, a biblioteca da Sete de Abril estava abarrotando instalações improvisadas. E o pior de tudo é que os livros eram dispostos sem critérios metodológicos e nem havia no quadro dos funcionários pessoas versadas em biblioteconomia. Os livros mais recentes eram de 1910. Enfim, a tarefa a ser cumprida pelo famoso bibliófilo era ampla, com várias frentes de batalha: modernizar o acervo, formar técnicos habilitados e construir uma nova biblioteca.

Naqueles dias dos meados da década dos anos 30, a cidade ainda não sonhava com a verticalização que viria depois da Segunda Guerra Mundial e as preocupações urbanísticas continuavam presas aos planos que Prestes Maia e Ulhôa Cintra haviam imaginado nos finais da década anterior e já se falava em Centro expandido fora da tutela do Triângulo e da Praça da Sé coloniais. Justamente ficou acordado que a nova biblioteca deveria ficar além Viaduto do Chá, e daí a escolha de vasta propriedade de José Cássio de Macedo Soares, na Rua da

Consolação, sede da primitiva chácara do brigadeiro Luís Antonio, o patriarca fundador da família Souza Queirós. A velha construção vinda dos primeiros anos do século XIX, cercada de frondoso arvoredo, foi derrubada para acolher as obras da nova biblioteca paulistana, cujo projeto merece reflexões.

Por mais dedicado que fosse ao seu assunto principal, a biblioteconomia, Rubens Borba de Morais não era enfronhado nos problemas decisórios dos partidos arquitetônicos em geral. Sabendo das necessidades básicas de nossa biblioteca, intuitivamente decidiu como deveriam estar interligadas as dependências, cujas relações necessárias existentes entre si exigiam áreas compatíveis com um programa de necessidades bem equacionado, inclusive, com a previsão de aumentos quantitativos. Ele mesmo, em conferência proferida em 1981, confessou que julgava, naqueles dias de sua atuação na Divisão de Bibliotecas, indispensável apenas a previsão de crescimento gradual do acervo e "as salas de leitura, e tudo poderia continuar com a mesma capacidade", quer dizer, não concebia a hipótese de ampliação do número de leitores.

Sua decisão final quanto ao partido foi a de imaginar torres altas para guarda de livros, assim evitando que a construção se alastrasse sobre o terreno tomado pelas árvores que tanto prezava. Para a feitura do projeto do tão sonhado edifício, escolheu Jacques Pilon e diz por que: "Eu procurei um arquiteto, era o único arquiteto que havia em São Paulo naquele tempo. Os outros eram engenheiros-arquitetos". Com essa afirmação repudiava os profissionais formados nos cursos de especialização da Politécnica e do Mackenzie e, de mais a mais, Pilon não era o único "arquiteto" a trabalhar aqui naqueles anos; esqueceu-se de Júlio de Abreu, formado na Escola de Belas Artes de Paris; de Álvaro Vital Brasil, da Belas Artes do Rio e autor, em 1935, do Edifício Esther; de Gregori Warchavchik, vindo de Roma; de Rino Levi, também diplomado na Itália, além de outros formados fora e aqui trabalhando em projetos arquitetônicos. Seu amigo Jacques Pilon executou um detalhado anteprojeto concebido dentro do estilo da moda: o Art déco.

De acordo com as aludidas premissas estabelecidas por Rubens Borba de Morais, o arquiteto Pilon procurou fazer o melhor que a então modernidade permitia e tudo pode ser resumido nas palavras do arquiteto Orlando França Carvalho, em sua dissertação de mestrado apresentada à Universidade Presbiteriana Mackenzie:

> O projeto deveria atender a dois quesitos fundamentais de um plano de necessidades que seriam: a construção de um grande depósito capaz de suportar os recentes acréscimos de livros e documentos adquiridos pela Prefeitura, equipado com áreas para serviços técnicos e de apoio, aptas a receber, organizar, catalogar, conservar e administrar o acervo e ainda oferecer à população um edifício condizente com os anseios do Departamento de Cultura, para que a população pudesse acessar tal acervo, como também, espaços capazes de comportar outras atividades ligadas à cultura, como exposições, concertos, palestras, etc.

As obras começaram nos primeiros dias do ano de 1938, exatamente três meses antes da deposição de Fábio Prado pelos sucessos políticos advindos da promulgação do Estado Novo. Com a entrada do novo prefeito, o engenheiro-arquiteto Prestes Maia, deu-se o início e surgiu uma série de contratempos ou percalços ligados à urbanização, ao programa e até à volumetria ou plasticidade do pretendido monumento à cultura paulistana. Aquele profissional vinha envolto por uma bem tecida imagem de austeridade, capacidade e de outras palavras terminadas em *dade*, como honestidade. Ele era antes de tudo um homem íntegro, mas turrão e centralizador. Sua chegada ao poder criou expectativas mil, mas sabia-se de antemão que em seu governo ele iria dar prioridade às questões urbanísticas, já que fora o autor do plano que mencionamos linhas atrás. O pessoal da Cultura que se cuidasse.

De fato, aquele prefeito, oito dias depois de sua posse, resolveu fechar o Departamento de Cultura. E também suspendeu as obras recém-iniciadas da biblioteca sem ter lido o contrato feito entre a Prefeitura e a Sociedade Construtora Brasileira, que estipulava uma pesadíssima multa caso houvesse paralisação dos trabalhos. Rubens Borba de Morais assim comenta esse assunto:

> É que nós, quando tínhamos feito o contrato com a companhia construtora, justamente prevendo estes governos que mudam e que cada homem tem uma cabeça e quer fazer uma coisa diferente, tínhamos

proposto uma multa de 500 contos caso as obras da biblioteca fossem interrompidas. A companhia construtora tinha o direito de cobrar isto da prefeitura. Quando o Prestes Maia soube disto, evidentemente ele ficou uma fera. Ele não podia, portanto, interromper a construção da biblioteca. Mas ele resolveu fazer o seguinte, fazer a obra à tartaruga, devagarinho. Então ele deu ordens à construtora que construísse devagar, que ele iria reformar a planta. E reformou. E foi um desastre.

Na verdade, a preocupação inicial de Prestes Maia quanto às obras da biblioteca prendia-se ao fato dela estar na esquina da Rua São Luís, via pública onde passaria o anel de irradiação, que imaginara circundando o velho Centro. Ele nem sabia ainda de que lado seriam as desapropriações para o alargamento daquela rua particular dos Souzas Queirós. Daí a paralisação das obras. E também estavam em andamento os trabalhos de abertura da Rua Marconi nos terrenos dos herdeiros do dr. Walter Seng, cuja propriedade fazia frente para a Rua Barão de Itapetininga. Dessa operação resultou a idéia da formação da Praça Dom José Gaspar, logradouro que, além de dar continuidade à Rua Marconi, ligando-a à Rua São Luís, permitiu a conservação do denso arvoredo ali existente para valorizar os fundos da Biblioteca, que tornou-se edifício dono de visuais significativos e acolhedores. Resolvido o problema da ambientação, interveio nas obras, impedindo as fundações das futuras torres que seriam levantadas ao longo do tempo. Daí a torre única, calculada com exageradas precauções, prevendo 18 colunas superdimensionadas. Alterou, também, o sistema de iluminação anteriormente previsto, optando por sancas que acabaram piorando o aclaramento das salas de leitura sem que ninguém tivesse reclamado. Dizem que também fez alterações nas plantas originais e, o principal, imaginou um grande pórtico de entrada substituindo a "portinha" do anteprojeto. Concebeu aquele urbanista um acesso monumental à biblioteca levantando seis grossos pilares de secção quadrada fazendo lembrar um templo grego sem, contudo, o clássico frontão triangular, solução algo em desacordo com os agenciamentos dos volumes próprios daquele estilo "moderno" que sempre harmonizava prismas de dimensões variadas nos edifícios isolados em grandes terrenos. Na verdade, aquelas seis colunas agrupadas três a três constituem uma espécie de ruído indesejado. Em seguida, as plantas de execução foram detalhadas pelo Departamento de Obras da Prefeitura sob o olhar vigilante do prefeito.

Terminada a construção, Prestes Maia também intervém na escolha dos equipamentos, influindo, inclusive na decoração. A estátua de bronze no centro do saguão, de artista totalmente alheio às coisas do *art déco*, foi por ele imaginada e ninguém se conformava com a imponente figura segurando um enorme livro aberto somente com dedos mindinhos. O ápice do seu mau gosto definiu-se num sofá à porta do salão de leitura. Rubens Borba de Morais nos conta:

> Ele resolveu fazer lá, para a entrada, do lado direito, ele resolveu fazer um sofá com duas poltronas, para os leitores descansarem. Muito boa, excelente idéia, mas eu queria que vocês vissem o sofá que ele fez. Era de bronze, de bronze, com enfeites em estilo assírio, uma coisa horrorosa. As poltronas eram tão pesadas que não se podia mexê-las do lugar para limpar. E aquela coisa de bronze, coberta com couro verde, era uma coisa de um mau gosto inacreditável. Felizmente, em poucos meses, ou poucos anos, os leitores quebraram tudo, rasgaram tudo e acabaram jogando fora.

Realmente, esse sofá estranho foi substituído em pouco tempo. Por volta de 1948, em seu lugar havia um grande sofá de couro vermelho e de linhas modernas, todo estofado, inclusive seus braços largos, que também serviam de assento provisório para retardatários a encontros programados entre jovens artistas. Também fizemos parte da "turma do sofá vermelho". Logo depois do almoço, rapazes de variada origem, ali se aboletavam para longas conversas sobre sua produção artística, pois eram neófitos na modernidade das artes plásticas num tempo em que ainda não havia aqui escolas de iniciação artística, além da mal falada escola de Belas Artes, que cultivava com empenho bolores e fungos do academismo.

Àqueles jovens empenhados em conhecer e praticar novos meios de expressão restava a leitura de livros e revistas importados, o contato com reproduções de obras dos grandes artistas modernos, especialmente os expressionistas alemães, sobretudo Kathe Kollwitz, aqui divulgada pelo pintor surrealista e gravador Walter Levy. Dentre aqueles moços, lembramos de Marcelo Grassmann, Otávio Araújo,

Mário Gruber, Aldemir Martins, Antonio Augusto Marx e outros que acabaram formando o sempre recordado grupo dos "Dezenove". Eles não se acomodavam no sofá vermelho de graça. Enquanto trocavam idéias, ali ficavam a espera de Sérgio Milliet, grande guru de todos e diretor da Biblioteca Municipal em substituição a Borba de Morais expelido por Prestes Maia, em 1943. O literato, poeta e crítico de arte, pacientemente e com a maior dedicação orientava a mocidade perplexa, não só mostrando os rumos a seguir, mas também lhe dando sua amizade de irmão mais velho já que também pintava. E muitos privilegiados encontravam-no fora da Biblioteca, nas mesas do Paribar instalado na Praça Dom José Gaspar em moderno edifício projetado por Korngold.

Pelo visto, o edifício da Biblioteca Mário de Andrade tem uma história singular. Sua concepção original, seu anteprojeto, foi de autoria do arquiteto Jacques Émile Pilon, francês de nascimento, mas que chegou ao Brasil com sua família aos cinco anos, em 1910. Arquiteto formado, em 1932, pela Escola Nacional de Belas Artes de Paris, de volta ao nosso país, em 1933, trabalhou ininterruptamente em São Paulo. Aqui, foi um dos pioneiros do estilo *art déco*, considerado entre nós, naqueles dias, o grito da modernidade arquitetônica, estilo sempre praticado em seu escritório na companhia de seus eventuais sócios como Francisco Matarazzo Neto ou Herbert Duschenes.

A nosso ver, a arquitetura *art déco* paulistana é algo incompreendida, sendo considerada por muitos estudiosos à margem da verdadeira "modernidade" racionalista aqui cultuada significativamente após a Segunda Guerra Mundial. É-nos difícil distinguir, no entanto, diferenças conceituais, por exemplo, entre as primeiras casas ditas modernistas de Warchavchik dos anos finais da década de 20 e as residências de 1935 projetadas por Jaime da Fonseca Rodrigues, na Rua Ceará. Ali, em ambos os casos, o que acabou valendo e sugerindo modernidade foi a limpeza das fachadas, a ausência de saliências, molduras e adereços significativos na modinatura; foi a composição harmoniosa relacionando os volumes bem definidos do partido arquitetônico; e foi o predomínio dos cheios sobre os vazios. Em ambas as hipóteses, a estrutura de concreto armado estava camuflada, escondida atrás da argamassa de revestimento. Somente vinte ou trinta anos depois é que se passou a distinguir o sistema estrutural de concreto armado deixando-o à vista e nisso foi exemplar o mestre Artigas. O edifício da Biblioteca Municipal Mário de Andrade, projeto de 1938, por isso tudo, foi efetivamente um marco de nossa arquitetura moderna.

Seu anteprojeto foi desenvolvido pelos arquitetos e desenhistas da Prefeitura tendo como mentor intelectual Prestes Maia, que nunca foi um bom arquiteto, tendo-se em vista sua escassa produção. Certamente houve problemas éticos.

Naquele edifício, nos seus mais de 60 anos de vida útil, pelo menos, duas gerações de estudiosos tiveram seu aprimoramento intelectual mercê de seu acervo magnífico que supria e até hoje fornece títulos e documentos que as bibliotecas escolares são incapazes de oferecer. Nós mesmos podemos testemunhar esse fato: em nosso curso de arquitetura no Mackenzie (1946-1950) éramos totalmente faltos de livros e revistas sobre arquitetura moderna ou contemporânea na biblioteca daquele estabelecimento de ensino. Foi na biblioteca municipal que tivemos conhecimento da arquitetura colonial, sobretudo da bandeirista, através das publicações do SPHAN. Foi lá que os jovens e promissores artistas tiveram seus destinos alinhavados pelos textos e figuras disponíveis na completíssima ala dos livros de arte criada por Sérgio Milliet. Foi na Mário de Andrade que historiadores, desde seus primeiros dias de funcionamento, se abasteceram de informações em documentos raros, como, por exemplo, a fundamental coleção Félix Pacheco, onde se sobressai o Códice Costa Matoso. Nós mesmos, quando escrevemos a biografia de Ramos de Azevedo, tivemos a oportunidade de ler cartas trocadas entre aquele arquiteto e seu amigo Paula Souza e seus companheiros na fundação da Escola Politécnica; documentos do maior interesse e indispensáveis para a compreensão dos problemas sofridos pelos arquitetos e construtores do último quartel do século XIX paulista, quando a riqueza trazida pelo café se contrapunha à precariedade da mão-de-obra e falta de instrumental ligado às técnicas construtivas próprias do ecletismo arquitetônico.

Efetivamente, o edifício da Biblioteca Municipal Mário de Andrade é um complexo bem cultural paulistano com variados significados aderentes às suas paredes e é, antes de tudo, um documento peculiar, somente nosso, guardando lembranças indeléveis de gente como Mário, Rubens, Sérgio, Jacques e Francisco Prestes Maia e demais funcionários anônimos que tocaram aquele centro de saberes mil, cujos espíritos ainda vagueiam dentre aqueles milhares de volumes silenciosamente de plantão nas estantes, sempre à espera da solicitação das almas em formação. Por tudo isso, a nossa Biblioteca é um documento, tornamos a repetir, nascido da boa vontade e descortino de Fábio Prado, grande homem sempre esquecido. É, pois, um bem histórico e artístico muito bem definido durante os anos da Segunda Guerra Mundial. Aqui, o edifício foi tombado em 1992 pela resolução 37 do CONPRESP que tratou, em conjunto, de monumentos situados no Centro e pertencentes à região do Vale do Anhangabaú.

A Biblioteca resistiu galhardamente aos percalços advindos das variações quantitativas sofridas pelo programa de necessidades. Há de se resolver com habilidade essa questão contanto que não se desfigure a volumetria e os espaços significativos do edifício que está nos limites de sua suportabilidade. E como tombado, deve manter-se como está na paisagem urbana não sendo tolerável qualquer tentativa de desfigurá-lo.

Pelo exposto, urgem estudos destinados a dar à metrópole paulistana um novo edifício para acolher a grande biblioteca que merecemos nestes tempos de informática. A cidade de Paris, por exemplo, que foi o nosso modelo e fonte de inspiração, recentemente construiu nova monumental biblioteca sem ter esquecido e zelosamente guardado a sua Biblioteca de Sainte Geneviève de Labroust. A intelectualidade paulistana precisa lutar por essa idéia para comover os administradores e políticos sempre esquecidos dessas coisas do saber coletivo.

BIBLIOGRAFIA

CARVALHO, Orlando França. *Forma e Contexto no Projeto da Biblioteca Municipal Mário de Andrade (1934–2004)*. Dissertação de Mestrado apresentada à Universidade Presbiteriana Mackenzie, São Paulo, 2004.

HOMEM, Maria Cecília Naclério. *O Palacete Paulistano*. São Paulo, Ed. Martins Fontes, 1996.

MORAIS, Rubens Borba de. "O Engenheiro, o Bibliotecário e o sentido de um projeto cultural". Depoimento feito à *Revista da Biblioteca Municipal Mário de Andrade*, em 27/10/1981.

REIPERT, Herman José. *História da Biblioteca Pública Municipal Mário de Andrade*. Prefeitura Municipal, Departamento de Cultura, São Paulo, 1972.

Bibliotecas digitais

JORGE COUTO*

Os EUA *prometem disponibilizar, em duas décadas, mais de 30 milhões de páginas de periódicos. É o momento ideal de se criar Programas Nacionais de Digitalização para os países de Língua Portuguesa.*

As recentes notícias, oriundas dos Estados Unidos da América, acerca de novos e ambiciosos planos, públicos e privados, de médio prazo, são ilustrativas da importância estratégica do ambiente www para a difusão da língua e da cultura.

A aprovação do NDIIPP (National Digital Information Infrastructure and Preservation Program) pela administração norte-americana constitui um dos mais significativos indicadores desta tendência. Integra-se neste projeto o Programa Nacional de Digitalização de Jornais que visa disponibilizar na Internet, de forma gratuita, no prazo de duas décadas, 30 milhões de páginas de periódicos estado-unidenses publicados no período compreendido entre 1836 e 1922. Esta iniciativa pretende apoiar o ensino da História em todos os graus de ensino e estimular o interesse dos cidadãos pela memória nacional.

A importância estratégica das bibliotecas digitais ganhou uma acrescida visibilidade em conseqüência do acordo firmado entre, por um lado, o Google e, por outro, cinco prestigiadas instituições culturais anglófonas (a Biblioteca Pública de Nova York e as Bibliotecas das Universidades de Oxford, Harvard, Stanford e Michigan), que tem como objectivo digitalizar oito milhões de obras que serão indexadas e disponibilizadas gratuitamente pelo motor de busca californiano.

* Jorge Couto é historiador, autor de *A construção do Brasil* (Lisboa, Edições Cosmos, 1995), e diretor da Biblioteca Nacional de Portugal.

Estas informações, que são reveladoras do dinamismo de instituições governamentais e empresariais norte-americanas, devem estimular-nos a agir com rapidez no sentido de intensificar a nossa participação na acesa competição que atualmente se trava entre espaços lingüísticos pela sua afirmação no ciberespaço.

Em resposta a estas iniciativas desenvolvidas nos EUA, a França e a Alemanha propõem-se, com apoio de empresas privadas, desenvolver um motor de busca europeu: o Quaero – termo latino que significa "procuro" – com funcionalidades multimídia para concorrer com os poderosos Google e Yahoo. Além disso, encontra-se atualmente em discussão na União Européia um documento intitulado "i2010: Biblioteca Digitais", que pretende intensificar a cooperação dos 25 estados membros neste domínio.

É atualmente incontroverso que a Língua Portuguesa conta com um número superior a 200 milhões de falantes. De acordo com as projeções de uma agência (PNUD) da Organização das Nações Unidas (ONU), a população da área lingüística da Comunidade dos Países de Língua Oficial Portuguesa (CPLP) será superior a 286 milhões de indivíduos em 2025 e a 335 milhões em 2050. Estes dados auguram à língua portuguesa previsões animadoras de crescimento endógeno e de afirmação no contexto lingüístico planetário (sexta língua materna a nível mundial).

Esta é a oportunidade ideal para, conjugando os dois fatores, conceber e programar a execução de projetos globais, de médio prazo, que transformem a rede num instrumento privilegiado de divulgação da língua portuguesa e das culturas dos países membros da CPLP. É imprescindível dinamizar a criação de Programas Nacionais de Digitalização que impulsionem, por um lado, coleções de edições digitais das obras mais marcantes das nossas culturas e, por outro, coloquem na Internet, de acordo com planos que definam prioridades e procedam à repartição de tarefas entre as instituições culturais, a mais significativa parcela dos patrimônios bibliográfico, cartográfico, iconográfico e musicológico nacionais. Trata-se de iniciativas destinadas a contribuir simultaneamente para divulgar as produções nacionais e para aumentar a participação da nossa "Magna Língua" – para utilizar a consagrada expressão de Fernando Pessoa – no ciberespaço. Estes programas poderão ser compostos por três subprogramas:

1. Ao subprograma Digitalização de Publicações Periódicas, que associaria organismos públicos, entidades privadas e parceiros empresariais, seria cometido o objetivo de financiar a digitalização de publicações já extintas e dos periódicos em curso de publicação pertencentes a numerosas instituições (universidades, centros de investigação, academias, bibliotecas, arquivos, museus, institutos, organismos públicos, instituições religiosas e associações privadas).
2. O subprograma Bibliotecas Digitais teria como finalidade impulsionar a digitalização sistemática, salvaguardados os princípios da preservação das espécies e dos direitos de autor, das obras de autores nacionais de todos os ramos do conhecimento, de repertórios bibliográficos, atas de congressos, coleções legislativas ou coletâneas documentais.
3. O subprograma Arquivos Digitais, concebido em moldes idênticos ao anterior, reuniria os principais fundos dos arquivos nacionais, estaduais, municipais, de instituições privadas e, ainda, de personalidades.

A viabilização destes subprogramas deveria, preferencialmente, resultar da associação, por um lado, de um consórcio financiador constituído por organismos públicos, entidades privadas, empresas, motores de busca e, por outro, as instituições culturais que atuariam de acordo com um plano elaborado de comum acordo entre os integrantes do projeto.

Um Programa Nacional de Digitalização apresenta muitas vantagens, entre as quais se salientam as seguintes:

1. Contribuir para a preservação de espécies preciosas ou frágeis, colocando-as à disposição de todos os interessados e tornando, por conseguinte, desnecessário o seu manuseamento;
2. Permitir a racionalização da aquisição de exemplares raros, através da sua divulgação, por métodos eletrônicos, pela instituição compradora;
3. Fornecer instrumentos de apoio ao sistema escolar que contribuam para incrementar nos alunos de todos os graus de ensino o gosto de pesquisa, alargando o leque de materiais didáticos disponíveis;

4. Facultar a estudantes, professores e investigadores estrangeiros um manancial inesgotável de instrumentos de investigação;
5. Fomentar o gosto pela leitura e pela criação de novos leitores, através do recurso a suportes eletrônicos que garantem uma acessibilidade fácil e permanente. Como afirmou recentemente Paul LeClerc, Presidente da Biblioteca Pública de Nova York: "Esta solução pode resolver um velho problema: Se as pessoas não vêm até nós, como poderemos nós ir ao seu encontro?";
6. Divulgar obras clássicas ou raras inacessíveis ao grande público;
7. Incrementar a divulgação da ciência e da cultura na Internet, e, através dela, no Mundo, possibilitando a sua descoberta por leitores insuspeitos entre as centenas de milhões de cibernautas;
8. Incentivar a produção de edições digitais;
9. Aumentar a participação na Internet de conteúdos em língua portuguesa;
10. Estabelecer programas de cooperação no âmbito da CPLP.

Estes projetos, que se pretendem de grande alcance e com ampla participação privada, permitiriam associar inovação tecnológica, melhoria da qualidade de ensino, preservação do patrimônio, modernização das instituições culturais, divulgação planetária das Culturas dos países membros da CPLP e incrementar a presença de conteúdos em Português na Internet.

Trata-se, seguramente, de iniciativas pelas quais vale a pena apostar, já que contribuirão para a valorização e enriquecimento cultural de todos os milhões de falantes de português espalhados pelos cinco continentes.

A Real Biblioteca, o Brasil e Portugal

LILIA MORITZ SCHWARCZ[1]

NO MUNDO DAS BIBLIOTECAS: O CASO DE REAL BIBLIOTECA

Com a chegada da Real Biblioteca, a ilustração aportava definitivamente no Brasil e com ela o espírito mental dos Bragança no início do agitado século XIX.

Não é tarefa fácil definir o que seria uma biblioteca. *Biblios* e posteriormente *biblion* são palavras de origem grega que significam livro, ou então, e na Antigüidade, casca, película de papiro. Por sua vez o termo "biblioteca" vem da união de duas palavras gregas: *biblio* e *têke*, isto é prateleira ou depósito para guardar livros, escritos, rolos de papiros e de pergaminho.

Se hoje em dia uma biblioteca é essencialmente uma coleção de livros, em geral, aberta ao público, seu sentido não foi sempre esse. As bibliotecas mais antigas nasceram no Oriente, só que coletavam basicamente documentos gravados em pedra. Com o pergaminho e a maior disseminação da escrita, fundam-se as primeiras instituições que guardam um formato mais aproximado do que hoje conhecemos. Na Grécia coletavam-se livros em números elevados, e na Roma Imperial chegavam a 28 as bibliotecas públicas existentes. Essa situação tendeu a se alterar com a queda do Império, sendo que os acervos

1. Lilia Moritz Schwacz é professora livre-docente no Departamento de Antropologia da USP. Em 1999, seu livro *As barbas do imperador – D. Pedro II, um monarca nos trópicos* (Companhia das Letras, 1998) ganhou o prêmio Jabuti de ensaio. Este ensaio é uma adaptação de parte do livro *A longa viagem da biblioteca dos reis*, co-autoria de Paulo Cesar de Azevedo e Angela Marques da Costa (São Paulo: Companhia das Letras, 2002).

medievais ficaram basicamente restritos aos conventos e mosteiros, que se convertem, nesse contexto, em locais privilegiados para a compilação e conservação de livros.

É só no século XIII, com o ressurgimento das cidades e das universidades na Europa, que as bibliotecas ganham novos espaços, para além dos próprios mosteiros, que continuavam igualmente ativos. Por outro lado, com a invenção da imprensa, a partir do século XV, é que o livro se transforma em objeto de ampla veiculação. É por isso mesmo que uma série de bibliotecas se desenvolve e ganha novas dimensões. Sobretudo entre os séculos XV e XVIII não são poucos os exemplos que revelam a importância crescente desse tipo de instituição: a Vaticana (fundada em 1455), a Colombina de Sevilha (criada em 1551), a Ambrosiana de Milão (datada de 1609), a Biblioteca de Oxford, a Mazarina em Paris (1643), e a Biblioteca de Cambridge. No século XVIII será a vez da Biblioteca de Madri, da fundação do British Museum e da famosa Biblioteca do Congresso dos Estados Unidos, aberta ao público em 1789.

Em Portugal, conta-se que o rei d. João I, conhecido como "O Boa Memória" (1356-1433), possuía uma boa biblioteca ou livraria, como se chamava na época. D. Duarte, que sucedeu a d. João I, deu continuidade à biblioteca, sendo ele mesmo um poeta e escritor. E assim caminhou a tradição: d. Duarte colecionava livros, enquanto d. Afonso reuniu tantas obras valiosas que sua biblioteca passou a ser reconhecida como uma das mais famosas e completas do Velho Mundo. O fato é que no início do século XVIII a coleção portuguesa era considerada motivo de orgulho e avaliada como uma das melhores coleções bibliográficas de toda a Europa.

No entanto, a sina dessa biblioteca mudaria ao sabor dos constrangimentos de ordem política. Foi no dia 1º de novembro de 1755 que o fogo gerado por um grande terremoto, que se abateu sobre Lisboa, destruiu esse acervo construído durante tanto tempo. O Palácio da Ribeira, aonde se conservava a "Livraria d'El Rei", foi destruído e, com ele, quase toda a Real Biblioteca da Ajuda. Pouco sobrou de Lisboa: a cidade foi devastada e elevava-se a mais de 30 mil o número de habitantes mortos por entre os escombros e ruínas. Também quase nada restou da bela livraria que fora montada com tanta paciência por d. João I, d. Duarte e d. Afonso; tudo ruíra junto com o Palácio.

Mas assim como não há monarquia sem uma biblioteca, logo depois do incêndio, junto com os trabalhos que começavam a reconstruir e a reinventar a velha Lisboa, d. José i empenhou-se em juntar as sobras do fogo e deu início à organização de uma nova coleção de livros. A partir da compra de acervos privados, da requisição de coleções esquecidas em mosteiros, ou de doações, a Biblioteca Real – conhecida na época como "a menina dos olhos do rei" e agora instalada no palácio da Ajuda – não parou de crescer. Por sinal, bem cedo, já em finais do século xviii, a nova biblioteca real estava recomposta.

D. João v cantava seus feitos para quem quisesse ouvir e costumava dizer que muitos mil volumes compunham a Real Biblioteca, que quase não cabiam mais em seu grande edifício. É essa biblioteca, renovada e recriada, que aporta no Brasil, em 1810 e 1811 (em três sucessivos desembarques), quase junto com a família real. Pode-se imaginar o trabalho acumulado e quantos esforços foram depositados a seu redor. Afinal, sua real importância não era feita só de livros. Junto com a biblioteca vinham aspirações, projetos e representações dessa monarquia, e do universo intelectual da elite portuguesa à época.

O TERREMOTO DE 1755 OU "O MAL VEM DA TERRA"

O Seiscentos português é sempre lembrado em função da riqueza e do luxo que o ouro do Brasil levou à corte portuguesa. Grandes festas, procissões, edificações majestosas como Mafra, uma corte mais mundana... muitos eram os sinais do brilho fácil que chegava em Lisboa. Junto com tanto fausto, também a Real Biblioteca foi sendo aumentada, bem ao gosto dos tempos: obras raras, incunábulos, códices, manuscritos, mapas, gravuras e alguns objetos para romper com a monotonia dos livros. Por essas e por outras é que a livraria real era quase um troféu, uma espécie de ícone da erudição e do conhecimento possíveis e assim acumulados.

Mas a sina dessa biblioteca iria mudar. Não só o monarca d. João v morria em 31 de julho de 1755, como no sábado, 1º de novembro de 1755, dia de Todos os Santos, um grande terremoto caiu sob Lisboa. Dizia Francisco José Freire – uma testemunha da época – em suas "Memorias das principaes providencias que se derão no Terremoto, que padeceo a Corte de Lisboa no anno de 1755" que: "(...) às nove

Fundação Biblioteca Nacional

Gravura retratando o terremoto de Lisboa, de 1755

horas e quatro minutos da manhã, estando o Céu limpo, o ar sereno e o mar em calma, se viu Lisboa surpreendida com um Terremoto dos mais horrorosos que a tradição conserva, ou descrevem os livros. Seus efeitos provam esta verdade; porque em tão breve tempo deixou reduzidos a ruínas quase todos os edifícios da mesma Cidade, sepultando nos estragos um grande numero de seus habitadores, especialmente nos templos, que por ser dia de tanta solenidade, todos se achavam assistidos de numeroso povo".

Pouco sobrou da capital dos portugueses. Devastada rapidamente, elevava-se a mais de 30 mil o número de habitantes mortos por entre os escombros. E o que nos interessa mais de perto: o Paço da Ribeira foi destruído e, com ele, quase toda a "Livraria de El Rey", que mais se parecia nesse momento com um amontoado de cinzas.

No entanto, e como vimos, logo depois do incêndio que se seguiu ao terremoto, junto com os trabalhos que começavam a reconstruir a velha Lisboa, o rei D. José I empenhou-se em resgatar as poucas sobras do fogo e em dar início a uma nova coleção. A partir da compra de acervos privados, da requisição de livros de alguns mosteiros, da incorporação de bibliotecas dos jesuítas (expulsos nessa época de Portugal e de suas colônias), ou doações (como as de Diogo Barbosa Machado e de G. Dugood), a Real Biblioteca, agora no Palácio da Ajuda, não parou de crescer, mesmo após a morte de d. José, em 1777.

Museu da Cidade, Lisboa

Marquês de Pombal retratado por Joana do Salitre

Em finais do século XVIII estava recomposta. Pode-se imaginar o trabalho e quantos esforços depositavam-se a seu redor. A nova Biblioteca trazia, ainda, as aspirações dos novos tempos, e do poderoso ministro de d. José I, o marquês de Pombal. A Livraria seria então convertida numa das pontas de lança do iluminismo português, por certo paradoxal entre seus movimentos de liberdade, mas também cerceamento e censura. Os livros apreendidos eram incorporados à Biblioteca que, por sua vez, era freqüentada apenas por funcionários ou pessoas diretamente ligadas à corte.

No entanto, a sorte da política portuguesa estava também por virar. Com a morte do rei d. José e a ascensão de sua filha, d. Maria I, tudo que lembrasse a Pombal seria destituído, substituído ou postergado e o mesmo ocorreria com o destino da Real Livraria. Nessa época iniciavam-se os trabalhos de abertura de uma nova biblioteca – a Real Biblioteca Pública – instalada bem no Terreiro do Paço e organizada segundo princípios mais modernos. À frente estava Antonio Ribeiro dos Santos, um profissional acostumado com a reforma da biblioteca de Coimbra e que imprimiria nova direção aos trabalhos em Lisboa.

Mas deixemos essa disputa bibliográfica um pouco de lado, uma vez que o ambiente conturbado não deixava muito espaço para esse tipo de contenda. A política internacional andava remexida e o exército napoleônico prestes a chegar em terras portuguesas.

A VIAGEM: HOMENS E LIVROS AO MAR

Diante da iminente invasão das tropas francesas, em novembro de 1807, o príncipe regente de Portugal, d. João, a família real e parte da corte – uma multidão estimada entre cinco a 15 mil pessoas – embarcaram, às pressas, nos 36 navios que levantaram ferros de Lisboa rumo ao Brasil, a colônia portuguesa d'além mar. Foram quase dois meses em alto mar, intempéries, água pouca e limpeza nenhuma, piolhos, tempestades e inseguranças de todo tipo.

No entanto, a pressa do embarque, em finais de 1807, havia feito das suas, mas não impediu que, entre a multidão de nobres e muitas bagagens, viesse boa parte dos documentos políticos e administrativos do Estado lusitano. A mesma atenção não coube, porém, à Real Biblioteca. Por mais que se tenha alardeado, no navio Medusa, acondicionada precariamente, acomodou-se apenas a biblioteca do Conde da Barca. O imenso acervo ficou esquecido no porto e teve que ser guardado, novamente, às pressas.

E se a Real Biblioteca não veio junto com a corte, e restou esquecida no porto de Lisboa até voltar a seu lugar de origem, sua história ficou diretamente ligada ao fado dos Bragança que, em inícios do século XIX, lidavam com os impasses criados pela França e pela Inglaterra: as duas grandes nações que disputavam nesse contexto o controle político e econômico da Europa. E era o próprio príncipe regente quem, já em terras tropicais e dando-se conta da falta da Livraria, ordena a vinda de seus acervos de livros e documentos, como se não fosse possível governar apartado deles.

E os livros vieram em navios. Com a segunda invasão francesa, em 1810, a partida da Real Livraria seria questão de tempo. Entraria na colônia em três remessas, como se a ilustração chegasse ao Brasil em caixotes e sem aviso expresso. Tanto esforço deveria valer a pena. Composta por dois acervos – o da Livraria do Rei e o da Casa do Infantado, este destinado ao uso dos príncipes – a Real Biblioteca era considerada na época uma das maiores e melhores bibliotecas do mundo.

O acervo não veio inteiro devido às óbvias dificuldades da partida. Do que ficara, certamente bem escondido para escapar dos botins dos tempos de guerra, outro lote aportaria no Brasil em 1811, com o bibliotecário Luis Joaquim dos Santos Marrocos. Na carta de Marrocos a seu pai, em 12 de abril de 1811, durante a travessia, percebe-se as dificuldades e perigos da travessia:

> Meu pai e Sr.
> Esta é feita entre céu e água, sobre mil aflições, desgostos e trabalhos, quais nunca pensei sofrer; pois tendo saído da barra de Lisboa com vento de feição, mal chegamos ao mar largo, nos saltou vento de travessia, que nos impeliu para a costa de África: á vista dela passamos as Ilhas dos Açores, e as Canárias, por meio de bordagens retrógradas, que por

Fundação Biblioteca Nacional

Desenho anônimo de embarque de d. João para o Brasil

muitas vezes chegou a suspender de todo a navegação pelas calmarias podres, misturadas com ventos contrários, que nos expunha a imensos perigos. Agora estamos na esperança de avistarmos amanhã a Ilha de Santiago, uma das de Cabo Verde, e por não deixar uma tão boa ocasião, tenho tenção de saltar em terra, não obstante os maus ares do terreno, a fim de lançar esta carta no correio, por não confiar esta empresa de outrem. Não é necessário explicar a V.M.[ce] o sumo cuidado em que tenho passado estes 27 dias de viagem (...) mas Deus permitirá se não aumente o desarranjo com a falta de saúde. Eu tenho passado muito incomodado da garganta, boca e olhos, de maneira que estou em uso de remédios: não tive enjôo algum ao sair da barra de Lisboa; porém causou-me a maior compaixão ver o vomitório geral da gente da fragata; pois entre 550 pessoas que aqui há, foram poucas as privilegiadas do enjôo. De noite não posso dormir mais de uma hora, porque o resto fica-me para eu pensar nos lances presentes e futuros da minha vida. Ao oitavo dia de viagem já era corrupta e podre a água de ração, de maneira que se lançam fora os bichos para poder beber-se: tem-se lançado ao mar muitos barris de carne salgada podre. Em fim tudo aqui é uma desordem, pela falta de providências em tudo: todas as cordas da fragata estão podres, menos as enxarcias; todas as velas estão avariadas, de sorte que se rasgam com qualquer viração: a tripulação não presta; e em semelhante estado ficaremos perdidos, se por nossa desgraça formos acometidos de algum temporal rijo. Não há botica suficiente para os doentes, pois não consta mais do que meia dúzia de ervas, sendo aqui as moléstias em abundância; não há galinhas, nem carnes frescas para eles. Finalmente, para dizer tudo de uma vez, se eu soubera o estado, em que existe a Fragata Princesa Carlota, repugnava absolutamente de meter-me nela e a Livraria, e nisto mesmo faria um grande serviço a S.A.R. Apesar de tudo isto, confio na misericórdia Divina, que nos livrará dos riscos, a que estamos expostos; e a cuja providência estou entregue com a maior resignação. V.M.ce fará a bondade de me recomendar a todos os da nossa amizade; e espero me inclua nas suas orações, felicitando-me com a sua benção, rogando isto mesmo a minha Mãe e Tia, a quem não posso explicar a perturbação da minha cabeça, que às vezes chego a perder o tino, pensando como e quando as chegarei a ver. Espero que V.M.ce me escreva, logo que receber esta, dirigindo-a para o Rio de Janeiro: e Sou

De V.M.ce
Filho muito afetuoso e O.º
Luiz Joaquim dos Santos Marrocos

P.S.
Saudade à Mana e Ignez: e tendo tanto para dizer ainda é tal a pressa, que me obriga a levantar pena, reservando este sossego para o Rio, se Deus permitir que eu lá chegue.

É certo que o príncipe regente queria mais. Chegara mesmo a ordenar, no mesmo ano de 1811, a vinda de documentos constantes na Torre do Tombo e dos livros da Real Biblioteca Pública de Lisboa. Tal política, como sabemos, não deu certo. Porém, o que veio foi o bastante para que em 1876 Ramiz Galvão, então diretor da Biblioteca, afirmasse que naquele conjunto estavam reunidas "todas as províncias do saber humano".

Desgarrados os livros se transformaram em instituição, ainda em 1810, quando em 27 de junho o andar superior do Hospital da

Ordem Terceira do Carmo foi requisitado, nos fundos da Igreja que guardava o mesmo nome. Depois de ter ficado encaixotada por mais de dois anos, a Biblioteca era aberta ao público, logo em 1811, se bem que de maneira seletiva: "aos estudiosos que para isso obtinham, com facilidade, prévio consentimento régio". No entanto, já em 1814 a autorização prévia era suprimida e a o acesso ficava definitivamente franqueado ao público. Em 1819 era o próprio funcionário quem assegurava que a Biblioteca "acha-se hoje mui rica e respeitável pelas impressões e compras, que tem tido, estando toda classificada em grandes salas". (Carta 148, 380).

Todo cuidado era pouco diante das preciosidades guardadas nesse acervo. Para cá vieram livros de horas renascentistas, incunábulos, impressos, códices, livros de história, ciência e de filosofia (da *História Natural* de Buffon à *Enciclopédia* de Diderot e de D'Alembert), gramáticas raras e bíblias sagradas, renascentistas, partituras, libretos, vilancicos, códices, desenhos e estampas (de Dürer, Rafael, Rembrandt, Piranesi, van Dick, entre outros mestres da gravura), literatura sacra, obras de autores quinhentistas portugueses (Camões, Luís de Barros, etc.), catecismos e gramáticas raras.

E para tanto não faltaram funcionários que tomaram a biblioteca como uma tarefa estratégica. Quatro homens destacaram-se nesse sentido: o frei franciscano Gregório José Viegas; o padre Joaquim Dâmaso, do Oratório de Lisboa; o frei Antônio de Arrábida, também franciscano; e Luís Joaquim dos Santos Marrocos. Os três primeiros chegaram ao Brasil junto com a família real. O último deles, Luis Marrocos, aportou em 1811, acompanhando a segunda leva de livros e peças que se destinava a complementar a Real Biblioteca. Frei Gregório e o padre Joaquim Dâmaso foram os primeiros encarregados de conservar e instalar a biblioteca e levaram o título de *prefeitos*, em função de seu posto elevado na hierarquia do estabelecimento. Além disso, ocuparam-se com a incorporação dos novos acervos, que iam chegando já em terras brasileiras. Aqui seria acrescida de valiosas doações (como a coleção do frei José Mariano da Conceição Veloso) e aquisições (de José da Costa e Silva e do conde da Barca). Além disso, foram introduzidas *propinas* – denominação da época para o recolhimento obrigatório de livros e periódicos editados em Portugal e no Brasil – bem como documentos oficiais do Estado.

Vale a pena perguntar, porém, porque em meio ao caos dos primeiros anos não se esquecera a Real Biblioteca. Com efeito, o que viajara junto com a família era uma espécie de "política do conhecimento": transportava-se não um amontoado de livros, mas o espírito pombalino, uma verdadeira política de Estado, a idéia de que uma biblioteca era um repositório universal de saber. A ilustração aportava definitivamente no Brasil e com ela o espírito mental dos Bragança, bem no início do agitado século XIX. Chegavam, juntos, a administração e a cultura oficial.

Nesse momento começava também essa original história brasileira, tão vinculada à vinda da família real ao Brasil. De fato, é no mínimo inusitado pensar numa colônia a sediar a capital de um império, assim como numa biblioteca que atravessou o Atlântico. Com efeito, a instalação da corte portuguesa no Brasil significou não um acidente fortuito, mas antes um momento angular da história nacional, assim como a origem de um processo singular de emancipação. Transformado em Reino Unido no ano de 1815, o Brasil distanciava-se de seu antigo estatuto colonial, ganhando uma autonomia relativa, jamais conhecida. Transplantado, o Estado português reproduziu aqui o seu aparelho administrativo. E do Rio de Janeiro, d. João, denominado "rei do Brasil", governava todo o seu Império.

Mas a história da biblioteca seria ainda conturbada. Com a Revolução Liberal do Porto, em 1820, d. João é forçado a deixar sua colônia e volta a Portugal em 1821, aonde jura a Constituição. Com ele, o próprio destino de sua Real Livraria começaria a mudar. Frei Gregório, que havia sido nomeado bispo de Pernambuco, em abril de 1820, abdica do cargo e resolve voltar à metrópole, junto com o Regente. O outro responsável, o padre Dâmaso, ficou mais uma ano; tempo suficiente para acompanhar a emancipação brasileira e ver o surgimento de uma nova liderança política: a de d. Pedro I, filho de d. João VI, que ficara na colônia.

Não é hora de discutir os impasses da independência e a agenda que culminou no 7 de setembro de 1822. O fato é que o padre recusando-se a aderir ao movimento local (ou a tomar parte nele) retorna a Portugal, aonde faleceria um ano depois, vítima de cólera morbus que grassava em Lisboa. A postura intransigente nos custaria, porém, caro: Dâmaso não retornaria só; levava consigo senão todos os manuscritos que lhe foram confiados, ao menos uma boa parte deles. Ou seja, dos mais de seis mil códices existentes no acervo, o prefeito levou de volta mais de cinco mil, sobretudo aqueles referentes à história de Portugal. E queixou-se ainda de não ter conseguido carregar também os impressos.

O fato é que essa batalha o Brasil ganhou, mas tudo isso nos custou bastante caro. Pagou-se duas vezes por um total de 74 mil livros que, na realidade, não chegavam a sete mil. O valor da biblioteca virou até motivo de cláusulas e atos diplomáticos, de consolidação da emancipação. Através da Convenção Adicional ao Tratado de Paz e Amizade, de 29 de agosto de 1825, d. Pedro I, Imperador do Brasil, concordava em indenizar a família real portuguesa por seus bens e propriedades deixados no país, e entre eles constava a Real Biblioteca. Dessa maneira, se o Brasil começou sua vida independente pagando um alto preço à metrópole – dois milhões de libras esterlinas, tomadas de empréstimo à Coroa britânica, com juros de 5% ao ano – a biblioteca não ficou por menos: foi avaliado em 800 contos de réis, sendo o segundo item da "conta" que o Brasil comprometia-se a pagar a Portugal pelos "pertences" deixados na ex-colônia.

O valor da Biblioteca Imperial e Pública da Corte, denominação adotada após a Independência, virou, assim, motivo de cláusulas e atos diplomáticos, firmados com vista a consolidar a emancipação. No arquivo da Torre do Tombo, em Lisboa, pode ser encontrado o documento denominado "Carta dos objetos que Portugal teria direito de reclamar" aonde se pode ajuizar o lugar privilegiado ocupado pela Biblioteca, que vinha logo em segundo lugar depois da "dívida pública".

A Biblioteca surgia, como vimos, avaliada em 800 contos de réis, um valor tremendamente alto dentro do montante geral. Para se ter idéia, tal valor correspondia a 12,5% do total a ser pago; quatro vezes mais do que a famosa prataria da coroa, assim como quatro vezes mais do que a equipagem determinada na conta. Significava, portanto, muito e para nós muito mais.

O fato é que a Real Biblioteca passou a fazer parte do país independente, mudou de nome ao longo dos anos, assim como aos poucos novas aquisições foram adicionadas. Tal qual uma coleção de coleções, a livraria real restou como um local privilegiado onde se guardou uma história: uma certa história do saber, ou então uma história que seleciona formas de saber. A coleção representa boa parte do atual acervo da Biblioteca Nacional, no Rio de Janeiro, que é hoje, segundo a Unesco, a oitava instituição do gênero no mundo.

AS BIBLIOTECAS E SEUS FANTASMAS

A "disputa bibliográfica" que aqui descrevemos não foi, portanto, um mero detalhe em meio a uma história política conhecida e que resultou em nossa emancipação nacional. A partir dela pode-se ter idéia da luta travada, de um lado no sentido de conseguir que a biblioteca voltasse a seu destino original, e de outro para mantê-la, como parte de uma política para fortalecimento científico e cultural da nova nação.

Mas é possível arriscar mais. Bibliotecas narram histórias e valem muitas vezes boas aventuras. Para o país recém independente uma biblioteca como essa contava muito: era a tradição acumulada que permanecia em uma nação de tradição recente e a ser inventada. Como dizia o bibliotecário de S. Majestade "as bibliotecas fazem o adorno principal e mais precioso dos Paços Reais e merecerão com toda a justiça que as Letras o olhem e reconheçam por seu valioso protetor". "Adorno principal, jóia do reino ...", aí estão algumas expressões que descrevem o valor simbólico acumulado por uma biblioteca. Mais do que os livros, leis e tratados lá depositados era o conhecimento que se pretendia colecionar e classificar.

E essa definição vale para as bibliotecas de uma maneira geral. É possível recuperar suas histórias e, sobretudo, entender sua inserção no interior de diferentes políticas culturais presentes em vários contextos sociais. Mais do que acumular livros, bibliotecas revelam formas de saber, criticar, pensar e imaginar.

Nada como lembrar do conto "Um general na biblioteca", de Italo Calvino, que narra um estranho episódio que ocorreu bem na Panduria, "nação ilustre, onde uma suspeita insinuou-se um dia nas mentes dos oficiais superiores: a de que os livros contivessem opiniões contrárias ao prestígio militar". Com efeito, a partir de uma série de investigações percebeu-se que esse hábito tão difundido, "de considerar os generais como gente que também pode se enganar e organizar desastres, e as guerras como algo às vezes diferente das radiosas cavalgadas para destinos gloriosos", era partilhado por grande quantidade de livros, modernos e antigos, pandurianos e estrangeiros. Frente a tal constatação o Estado-Maior nomeou uma comissão de inquérito para examinar a maior biblioteca local. Os militares tomaram posse num dia chuvoso e não sem antes colocar um cartaz proibindo a entrada: "por causa das grandes manobras, até que as concluam". Os estudiosos que costumavam freqüentar a biblioteca foram retirados, a não ser o senhor Crispino, uma espécie de velho bibliotecário local. A partir de então procedeu-se a divisão de tarefas, sendo que a cada tenente foi designado um ramo do saber. Mas como os militares não eram muito versados "em matéria bibliográfica" tiveram que recorrer ao Crispino, enquanto procuravam desenvolver seu trabalho de censura. E se os primeiros relatórios saíram fáceis, já os demais mostravam-se complicados: "A floresta de livros ao invés de ser debastada, parecia ficar cada vez mais emaranhada". Um livro levava a mais outro, os raciocínios iam tornando-se mais históricos, filosóficos e econômicos e daí nasciam discussões genéricas por horas a fio. Depois do general e dos tenentes seriam os soldados contaminados por essa mania leitora que assolou toda a tropa. O resultado é que pouco se soube dos trabalhos desenvolvidos pela comissão durante as longas semanas invernais. Por isso mesmo, quando o comando supremo – cansado de esperar – ordenou a conclusão da investigação e a apresentação do relatório obteve o que queria, mas não como queria. "As idéias andavam brotando em suas cabeças" e finalmente a comissão entregou o parecer. Ao invés de uma lista de obras censuradas, apareceu então "uma espécie de compêndio da história da humanidade, das origens aos nossos dias, no qual todas as idéias para os bem-pensantes de Pandúria eram criticadas, as classes dirigentes denunciadas... e o povo exaltado como vítima heróica das guerras e políticas equivocadas". A exposição era um pouco confusa, mas sobre o significado não sobravam dúvidas. A assembléia dos generais de Pandúria empalideceu, falou-se de degradação e processo. Depois, temendo-se escândalo maior, o general e os quatro tenentes foram mandados para reserva por causa de "um grave esgotamento nervoso contraído no serviço". Fim da história, mas não tanto. Até hoje, vestidos à paisana, encapotados para não congelarem, freqüentemente os militares destituídos são "vistos entrando na velha biblioteca, onde esperava por eles o senhor Crispino com seus livros".[2]

Bibliotecas guardam memórias e encantamentos. Perturbam e excitam a fantasia, assim como às vezes irmanam o sonho com a ação. Por isso, muitas vezes, incutem medo e pedem reação. E se os conteúdos passam – os livros de cavalaria de Cervantes hoje são sobretudo curiosidade literária, assim como as obras da ilustração perderam a velha capacidade de inspirar revoluções – o poder alucinatório dos livros e das bibliotecas, seus grandes depósitos, continua presente.

Nada como construir seus próprios castelos por entre as estantes de uma biblioteca, que sempre guarda os segredos de sua própria classificação e seleção.

Para terminar, lembro do professor Peter Kien – personagem principal do livro de Elias Canetti, *Auto-de-fé* – eminente sinólogo, cuja obsessão eram os livros e sua seleta biblioteca que lhe permitiam evitar o contato objetivo e prático com a realidade que o massacrava: "Cansado e enojado pela perturbação de seus pensamentos tranqüilos... Kien tinha saudade de sua biblioteca... quatro salas altas, as paredes revestidas de livros em toda a sua extensão, todas as portas de ligação sempre escancaradas, nenhuma janela imprópria, a luz uniforme vinda de cima, a escrivaninha repleta de manuscritos, trabalho, trabalho, idéias, idéias, a China, controvérsias científicas, opinião contra opinião... Kien o vencedor não numa luta de boxe e sim no entrevero de espíritos, sossego, sossego, o farfalhar reconfortante dos livros, nenhum ser vivo...". Mas sua própria biblioteca, esse recanto escondido do espírito, o oprimia: "Dez mil livros e sobre cada um deles um fantasma acocorado. Por isso o silêncio era tão profundo. Às vezes ouvia-os virarem as páginas. Liam tão depressa como ele". E como na nossa história, também a biblioteca do Professor Kien ardeu, só que com ele dentro, assim como antigamente se queimavam os bens junto com o morto. Afinal, como dizia o delirante estudioso criado por Canetti, não há testamento possível para uma biblioteca.[3]

2. Calvino, Italo. *Um general na biblioteca*. São Paulo, Companhia das Letras, 2001, pp. 74-9.
3. Canetti, Elias. *Auto-de-fé*. Rio de Janeiro, Nova Fronteira, 1982, pp. 551, 18 e 670.

BIBLIOGRAFIA

ALMEIDA, Luis Ferrand de. "D. João V e a Biblioteca Real". In: *Revista da Universidade de Coimbra*, vol. 36, 1991, p. 413 a 438.

AZEVEDO, João Lúcio. *Épocas de Portugal Econômico. Esboço de História*. Lisboa: Livraria Clássica, 1947.

AZEVEDO, João Lúcio de. *O marquês de Pombal e sua época*. Lisboa: Clássica editora, 1990.

CALMON, Pedro. "D. João VI. A vida e o governo". In: *Revista do Instituto Histórico e Geográfico Brasileiro*. Rio de Janeiro,v. 279, 1968, p. 135-42.

CALMON, Pedro. *O Rei do Brasil, vida de d. João VI*. São Paulo: Companhia Editora Nacional, 1943.

CAMARGO, Ana Maria e Moraes, Rubens Borba de. *Bibliografia da Impressão Régia do Rio de Janeiro*. 2 volumes. São Paulo: Edusp/Kosmos Editora, 1993.

CARRÈRE, J. B. F. *Panorama de Lisboa no ano de 1796*. Lisboa: Biblioteca Nacional/ Secretaria de Estado da Cultura, 1989/1797.

CHARTIER, Roger. *A aventura do livro. Do leitor ao navegador*. São Paulo: Editora Unesp, 1999.

CHARTIER, Roger. *A ordem dos livros. Leitores, autores e bibliotecas na Europa entre os Séculos XIV e XVIII*. Brasília: Editora da UNB, 1998.

CÓDIGO *Brasiliense ou Coleção de Leis, alvarás, decretos, cartas régias etc. promulgadas no Brasil desde a feliz chegada do Príncipe Regente Nosso Senhor a estes Estados com um índice cronológico (1808-1837)*. Rio de Janeiro: Impressão Régia, Tipografia Imperial e Nacional, 1811-1838. 15 volumes.

CUNHA, Lygia da Fonseca Fernandes da. "O acervo da Biblioteca Nacional". In *Brasil 1900-1901*. Rio de Janeiro: Biblioteca Nacional, 1980.

CUNHA, Lygia da Fonseca da. "Real Biblioteca. Apontamentos sobre seu acervo" In Anais do seminário internacional *D. João VI: um rei aclamado na América*. Rio de Janeiro, MHN, 2000.

CUNHA, Lygia da Fonseca da. "Subsídios para a história da Biblioteca Nacional". In *Anais da Biblioteca Nacional, vol. 101*. Rio de Janeiro, 1981.

DARNTON, Robert. "História da leitura". In: *Burke, Peter (org.). A Escrita da História: novas perspectivas*. São Paulo: Unesp, 1992. P. 119-236.

DIAS, Maria Odila Silva. "A interiorização da metrópole (1808-1853)" in Mota, Carlos Guilherme, coord. *1822 – Dimensões*. São Paulo: Editora Perspectiva, 1986.

DIAS, Maria Odila Silva. "Aspectos da Ilustração no Brasil". In: *Revista do Instituto Histórico e Geográfico Brasileiro*. Rio de Janeiro: jan/mar, 1968, p. 105.

DOMINGOS, Manuela D. *Biblioteca Nacional. Do Terreiro do Carmo ao Campo Grande: 200 anos de Biblioteca Nacional*. Lisboa: Biblioteca Nacional, 1997.

DOMINGOS, Manuela D. *Biblioteca Nacional: um pouco dos seus duzentos anos*. Lisboa, s.e s.d.

DOMINGOS, Manuela D. *Subsídios para a história da Biblioteca Nacional*. Lisboa, Instituto da Biblioteca Nacional, 1995.

DOMINGOS, Manuela D. "A caminho da Real Biblioteca Pública da Corte: dois documentos (1775-1795)". In *Revista da Biblioteca Nacional*, Lisbos, s.2, 5(1) jan-jun. 1990, p. 139-160.

FALCON, Francisco José Calazans. *Época Pombalina. Política Econômica e Monarquia Ilustrada*. São Paulo: Ática, 1982.

FRANÇA, José Augusto. *Lisboa pombalina e o iluminismo*. Lisboa: Bertrand Editora, 1987.

HALLEWELL, Laurence. *O livro no Brasil*. São Paulo: Edusp, 1985.

HERKENHOFF, Paulo. *Biblioteca Nacional. A História de uma Coleção*. Rio de Janeiro: Salamandra, 1996.

HORCH, Rosemarie Érika (org.). *Catálogo de incunábulos da Biblioteca Nacional do Rio de Janeiro*. Rio de Janeiro: MEC, 1956.

JACOB, Christian e Baratin, Marc. *O poder das bibliotecas: a memória dos livros no Ocidente*. Rio de Janeiro: Editora da UFRJ, 2000

LIMA, Oliveira. *D. João VI no Brasil*. Rio de Janeiro: Topbooks, 1908/1996. 3ª edição.

MANCHESTER, Alan K. "A transferência da corte portuguesa para o Rio de Janeiro", in: Keith, H & Edwards S.F (org), *Conflito e continuidade na sociedade brasileira*. Rio de Janeiro: Editora Civilização Brasileira, 1970.

MARROCOS, Luiz Joaquim dos Santos. "Cartas escritas do Rio de Janeiro á sua família em Lisboa, de 1811 a 1821". In: *Anais da Biblioteca Nacional*, vol. LVI, 1934. Rio de Janeiro, Ministério da Educação, 1939.

MARTINS, Francisco José da Rocha. *A Independência do Brasil*. Coimbra: Tipografia Lúmen, 1922.

MARTINS, Oliveira. *História de Portugal*. 12ª edição, t.2, Lisboa, Parceria Antonio Maria Pereira, s.e., s.d.

MARTINS, Wilson. *A palavra escrita. História do Livro, da Imprensa e da Biblioteca*. São Paulo: Anhembi, 1957.

MATTOSO, José (direção). *História de Portugal. O antigo regime*. Volume 4. Lisboa: Editorial Estampa, 1993.

MAXWELL, Kenneth. *Marquês de Pombal. Paradoxo do Iluminismo*. Rio de Janeiro, Paz e Terra, 1996.

MORAES, Alexandre José de Mello. *História da Transladação da Corte Portuguesa para o Brasil em 1807*.Rio de Janeiro: Livraria da Casa Imperial de E. Dupont, editor, 1872.

MORAES, Rubens Borba de. *Livros e Bibliotecas no Brasil Colonial*. Rio de Janeiro: Livros Técnicos e Científicos, 1979.

________. *Bibliographia Brasiliana*. Rio de Janeiro: Colibris, 1958. 2 volumes.

RIZZINI, Carlos. *O livro, o jornal e a tipografia no Brasil. 1500-1822*. São Paulo: Imprensa Oficial do Estado – IMESP, 1988.

SCHWARCZ, Lilia K. Moritz, Gomes da Costa, Azevedo, Paulo César de. *A Longa Viagem da Biblioteca dos Reis*. São Paulo: Companhia das Letras, 2002.

SILVA, João Manuel Pereira. *História da Fundação do Império Brasileiro*.Rio de Janeiro: L. Garnier Editora, 1865.

SODRÉ, Nelson Werneck. *A História da Imprensa no Brasil*. Rio de Janeiro: Civilização Brasileira, 1966.

Memória Editorial

Até hoje o nome do pequeno editor Folco Masucci é lembrado por ter sido o responsável pela raríssima reedição, nos anos 60, de *La divina increnca*, de Juó Bananère, um livro que passou anos fora da estante. Além de respeitar a edição original de 1925, Masucci teve o cuidado de acrescentar um precioso glossário no final do volume, traduzindo algumas gírias e identificando os personagens do poeta macarrônico. Mas quem foi Folco Masucci? "Memória Editorial" procura resgatar a história deste pequeno e importante editor paulistano.

Da *Divina Comédia* à *Divina Increnca*

HEITOR FERRAZ MELLO

Ele costumava dizer que tinha guardado, numa gaveta trancada de sua escrivaninha, um exemplar de um livro "inédito" de Juó Bananère. Pressionado, falava somente que o livro se chamaria *Gálabaro*, mais nada. Livro que, de fato, foi publicado em 1917, em parceira com Antônio Paes e jamais foi republicado. Porém, nunca ninguém viu este exemplar que o livreiro e editor Folco Masucci comentava, piscando marotamente seus olhos azuis.

Nos anos 60, o editor e livreiro Folco Masucci foi o responsável pelo reaparecimento dos poemas macarrônicos de Juó Bananére

Foi ele mesmo que, em 1966, tomou a iniciativa de reeditar o livro *La divina increnca*, de Bananère (pseudônimo de Alexandre Ribeiro Marcondes Machado), com prefácio de Mário Leite, por sua própria editora, a Editor Folco Masucci São Paulo. Nesta época, sua livraria, que já era ponto de encontro de juristas, artistas e escritores, funcionava na Praça Alfredo Issa, em São Paulo. A livraria se chamava "Leia": Livraria Editora Importadora Americana Ltda. E sobreviveu até recentemente, em outro endereço e com outro dono.

Mas a atividade de Masucci no ramo editorial começou quando este paulistano da Luz, nascido em 1912, tinha apenas 14 anos. Seu pai, Ernesto Masucci, filho de italianos, era jornalista e tinha uma agência de notícias chamada "Agencia Chiaves", que ficava num sobrado, na Avenida São João. Além disso, ele também trazia livros da Itália para o Brasil. Segundo as filhas de Folco Masucci, Luciana e Mara Masucci, Ernesto chegou a fundar uma livraria e papelaria e foi um dos primeiros importadores de livros italianos no País.

Folco Masucci, em 1958, no lançamento de *O Livro que Diverte*.

Arquivo da família Masucci

A atividade, como se vê, estava mesmo no sangue. Quando Ernesto faleceu, Folco teve, ainda jovem, que driblar as dificuldades financeiras para conseguir se sustentar e ajudar sua família. Como tinha um bom domínio do italiano, língua que ele falava como um nativo, o caminho mais natural foi o dos livros. E logo arranjou um primeiro emprego numa outra importadora de obras italianas. Alguns anos depois, de vendedor passou a livreiro e editor, abrindo sua própria loja, com o nome "Leia", na Rua Sete de Abril.

Paralelamente, Folco nunca descuidou de suas paixões: a música e os esportes. Praticava tênis no Clube Espéria e, segundo contam, era um apaixonado por instrumentos, tocando piano e sendo um exímio flautista. Nos anos 70, gostava de se apresentar no Café Piu-Piu, ao lado de Antonio Carrasqueira, interpretando jazz e chorinhos. No fim da vida, já aposentado, chegou a aprender a tocar *washboard*, um típico instrumento de New Orleans, que é feito com uma espécie de tábua de lavar.

Este espírito vaidoso, curioso e, antes de tudo, bem-humorado sempre marcou a vida do pequeno editor Folco Masucci. Foi nos anos 40, já tendo sua própria loja, que ele começou a publicar seus primeiros livros. Sua filha Mara lembra que nesta época, seu pai escrevia e sua mãe costurava. Eles tiveram três filhas: Mara, Luciana e Rosana. Masucci costumava dizer para elas que ele era uma espécie de "carroção de lixo da literatura", pois passava horas metido no imenso salão da Biblioteca Mário de Andrade lendo e pinçando passagens de várias obras literárias. Foi assim que nasceu o seu *Dicionário de pensamentos*, uma reunião de pequenos trechos de diversos autores, uma compilação do tipo "pílulas de sabedoria".

O livro saiu em 1944 e encontrou um mercado bastante receptivo. Tanto é que, pouco tempo depois, ele já se encontrava novamente na biblioteca catando mais pérolas para uma nova reunião, agora voltada para o humor. Em 1947, publicou *Anedotas históricas brasileiras*, com prefácio do jornalista e caricaturista Belmonte, criador do famoso Juca Pato, que era um retrato da mentalidade da classe média paulistana dos anos 20.

Seguindo ainda a esteira do humor, Masucci escreveu mais três livros: *Dicionário humorístico*, em 1948, com "máximas, sentenças e definições sarcásticas, satíricas, irônicas, cômicas, burlescas, zombeteiras, chistosas, ridículas, paradoxais etc., de autores nacionais e estrangeiros, clássicos e modernos"; e já em 1953, *O livro que diverte*, também reunindo o melhor do bom humor (quase 50 anos antes de Ruy Castro); e *Jardim de Esculápio*, com piadas sobre a medicina.

Sede da livraria na Rua 7 de Abril (esq.)

Quiosque da Leia na calçada da Rua Barão de Itapetininga (dir.)

Fotos: Arquivo da família Masucci

Porém sua atividade editorial não se restringiu apenas aos seus próprios livros. Ele também criou "coleções miniaturas", no formato de caderneta de bolso, editando clássicos do Romantismo brasileiro, e edições especiais e bem cuidadas, sempre seguindo o modelo editorial italiano que ele conhecia muito bem. Quase todos os seus livros saíam com capa dura e, ainda por cima, com uma caixa para protegê-los.

A paixão pela Itália também se revelaria na publicação, em 1946, em dois volumes, da famosa tradução de J. P. Xavier Pinheiro da *Divina Comédia*, de Dante Alighieri, com ilustrações de Gustave Doré. Esta tradução tem uma história interessante, como conta o poeta Eduardo Sterzi, especialista na obra de Dante. Segundo ele, esta é a segunda tradução da *Divina Comédia* publicada no Brasil. Ela saiu provavelmente em 1893, alguns anos depois da do Barão de Vila Barra, que é de 1888.

"No livro *Dante Alighieri e a tradição popular no Brasil*, o folclorista Luís da Câmara Cascudo recorda que a publicação, no jornal *O Globo*, em 25 de dezembro de 1874, de uma tradução de Machado de Assis (de fato, ótima) para o canto XXV do 'Inferno' entusiasmou Xavier Pinheiro a tal ponto que ele resolveu traduzir o canto seguinte. Amigo de Machado, Xavier Pinheiro mostrou-lhe sua versão do canto XXVI – o célebre canto de Ulisses – e foi estimulado por aquele a prosseguir, e assim o fez", conta Sterzi.

Além da *Divina Comédia*, uma de suas grandes paixões literárias, Masucci também publicou *As aventuras de Pinocchio: história de um boneco*, de Carlo Collodi, numa tradução revista e prefaciada pelo poeta Guilherme de Almeida e com ilustrações de Y. Takaoka.

Por esta época, sua vida conheceu um momento de prosperidade. Chegou a construir uma casa de três andares no bairro do Pacaembu, onde mantinha um grande depósito de livros. Sempre apoiado por sua esposa, Myrka Nutini Masucci, que se aventurou, com sucesso, no mercado imobiliário, Masucci e seu seu irmão Oberdan começaram a fazer várias viagens para a Itália, onde compravam livros e também aproveitavam para trazer novos ternos. Voltavam para o Brasil na estica e com a bagagem lotada de tratados e obras sobre o Direito Romano, que encontravam uma boa acolhida nas livrarias. Sua filha Luciana lembra que foi nesta época que ele fez uma das suas maiores extravagâncias. "Ele trouxe um navio inteiro de livros italianos que foram parar no depósito da casa do Pacaembu, ocupando mais de um andar".

Nos anos 50, Masucci chegou a abrir uma filial da "Leia", na Rua Maria Antônia, aproveitando o público do Mackenzie e da USP. Foi também por esta época que ele publicou, provavelmente com a ajuda do próprio autor, um pequeno livrinho de poesia chamado *Lunário do café*, do cardiologista e poeta Edgard Braga, com ilustrações de Di Cavalcanti. Nesta época, Braga já bebericava nas fontes modernistas, mas ainda se mantinha atrelado a um estilo elevado, com marcante influência clássica. Seria apenas nos anos 60 que o poeta, que chegou a cuidar do coração atribulado de Oswald de Andrade, iria dar o seu grande passo na literatura, explodindo com o verso e passando para os poemas espaciais, com grafismos que iriam influenciar vários poetas, como o contemporâneo Arnaldo Antunes.

Desenho de Di Cavalcanti para o livro *Lunário do Café*, de 1954

Nos anos 60, Masucci ainda editou algumas obras importantes, como *O Aleijadinho: sua vida, sua obra, seu gênio*, de Fernando Jorge, que ganhou em 1961 o Prêmio Jabuti. No caminho do humor, que também era o seu, publicou *A seleção canalhinha*, do humorista Zé Fidélis; *Eu, baixo-retrato*, de Juca Chaves, então em alta; e *Como se faz rir: o que penso... quando não tenho em que pensar*, do seu grande amigo, o ator Procópio Ferreira; e, em 1966, recuperou o hoje clássico pré-modernista *La divina increnca*, de Juó Bananére, que tinha sido publicado em 1915 e que ainda teve algumas edições até 1925.

Sobre esta edição, talvez um dos livros mais importantes de sua carreira como editor, porque fez com seu nome viajasse pelo tempo até hoje, a jornalista Cristina Fonseca, autora de *Juó Bananére: o abuso em blague*, escreveu: "Em 1966, transcorridos 13 anos em que não se falava mais em Juó Bananére, a Folco Masucci Editora, também de São Paulo, relançou *La divina increnca*, respeitando a edição de 1925, mas teve o cuidado de acrescentar um glossário muito útil no final do livro, traduzindo algumas gírias e personagens do universo bananérico. *La divina increnca*, então, ficou com 142 páginas. Não houve uma outra edição para o grande público, e mesmo essa, de 1966, é hoje raríssima."

Porém, Masucci, que já havia publicado oito volumes do sertanista Willy Aureli, feito vários reedições de seus livros, que ainda vendiam bem, enveredado, com seu irmão Oberdan, em manuais de língua italiana, começou a perceber que o mercado estava mudando. Sem perder o humor, acabou cedendo ao apelo dos livros de auto-ajuda, quase sempre acompanhado por seu irmão Oberdan. Obteve sucesso com um livro chamado *A cura pelo limão*, de Jason Soares (que segundo suas filhas era pseudônimo de Omar Cardoso, que ficou famoso nos anos 70 como astrólogo) e se arriscou em outras áreas, não menos curiosas, como o livro *Novíssimo livro dos sonhos*, de Sinério Cirene, também feito na base da compilação de trechos literários, e o divertido *Correspondência amorosa: como escrever cartas de amor*, assinado por uma tal Condessa Olga... Sem dúvida, uma jogada apelativa, porém com o humor de Masucci, já que tanto Sinério Cirene e a Condessa Olga eram nomes inventados por Oberdan, o verdadeiro autor dos livros.

Nos anos 80, Masucci já tinha abandonado o mercado editorial. Não publicava mais. Porém, mantinha, na rua Dr. Luís Barreto, na Bela Vista, um sebo, onde passava seus dias. Além desta livraria, o velho editor podia ser encontrado num pequeníssimo e precioso sebo em Atibaia, no interior de São Paulo, e que ficava numa das portas laterais no casarão Julieta Ferraz, na praça central da cidade, onde hoje funciona uma doceria interiorana, com doces cristalizados e em compota.

Alguns anos antes de morrer, em 1988, Masucci vendeu os sebos de São Paulo e de Atibaia. Até recentemente, a livraria Leia, com outro dono, ainda existia, no mesmo lugar, com suas velhas estantes, seus balcões recheados de livro e a mesinha do editor e livreiro, mas sem a jóia de Bananére dentro. Esta ninguém sabe onde foi parar. E neste começo de 2006 a Leia fechou definitivamente as suas portas. O espaço foi reformado e no lugar dos livros agora quem passa pela rua vê vasos e mais vasos com milhares de arranjos florais. Como diria o Bigudigno, personagem da peça *A ceia dos avaccagliado*, de Juó Bananère, "nus tempo chi apassô era ôtra cosa".

Bibliografias

A *Revista da Biblioteca Mário de Andrade* retoma uma tradição, iniciada com seu *Boletim Bibliográfico*, de publicar bibliografias de referência, em diversos assuntos, elaboradas por especialistas. Neste número, a professora Salete de Almeida Cara apresenta uma bibliografia sobre o ensaio, com comentários pontuais sobre algumas obras, destacando tanto obras estrangeiras como as nacionais; o professor João Roberto Faria aponta as principais obras sobre o teatro brasileiro no Romantismo, comentando peças e ensaios fundamentais.

O ensaio

SALETE DE ALMEIDA CARA*

O ENSAIO

ADORNO, Theodor. "O ensaio como forma". *Notas de Literatura 1*. Trad. Jorge de Almeida. São Paulo, Livraria Duas Cidades/Editora 34, 2003.

▶ *Este ensaio sobre o ensaio foi escrito entre 1954-1958, no âmbito da crescente especialização do trabalho, inclusive intelectual, e do dogmatismo acadêmico na Alemanha. Adorno contrapõe o ensaio ao purismo científico da tradição positivista, ao empirismo, aos idealismos filosóficos, valorizando seu caráter "metodicamente a-metódico" enquanto forma de exposição de um assunto (a exposição como forma).*

ADORNO, Theodor. "L' anse, le pichet et la première rencontre". *Notes sur la littérature*. Paris, Flammarion, 1974.

▶ *O texto "L'anse, le pichet et la première rencontre" é de 1965 e foi publicado num volume de homenagem à Ernst Bloch.*

Reprodução

T. Adorno

* Salete de Almeida Cara é professora do Departamento de Letras Clássicas e Vernáculas, da FFLCH-USP. É autora dos livros *A poesia lírica* (Ática, 1998), *Fernando Pessoa. Um detetive-leitor e muitas pistas* (Brasiliense, 1988) e *A recepção crítica (o momento parnasiano-simbolista)* (Ática, 1983).

ALMEIDA, Onésimo Teotônio de. "On the contemporary Portuguese Essay". In KAUFMAN, K. e KLOBUCKA, A. (eds). *After the Revolution*. London, Univ. Presses, 1997, pp. 127-142.

ARANTES, Paulo Eduardo. "Quem pensa abstratamente?". *Ressentimento da Dialética (Dialética e Experiência intelectual em Hegel. Antigos estudos sobre miséria alemã)*. São Paulo, Paz e Terra, 1996.

Mônica Vendramini/Companhia das Letras

D. Arrigucci

ARRIGUCCI, Davi. "Enigma e comentário". *Enigma e comentário*. São Paulo, Companhia das Letras, 1987.

AUERBACH, Erich. *Da Montaigne a Proust – ricerche sulla storia della cultura francese*. Bari, De Donato Editores, 1970.

AULLON DE HARO, Pedro. *Teoria do ensaio*. Madrid, Editorial Verbum, 1992.

BARBOSA, João Alexandre. "Pequenas variações sobre o ensaio". *Entrelivros*. São Paulo, Ateliê Editorial, 1999.

Divulgação

R. Barthes

BARTHES, Roland. *Critique et vérité*. Paris, Seuil, 1966 (*Crítica e verdade*. Trad. Leyla Perrone-Moisés. São Paulo, Editora Perspectiva, 3ª ed., 2003.

▸ *Roland Barthes, autor dos* Essais Critiques, *publicou* Critique et Vérité *em 1966, marcando a posição da "nova crítica": ao invés de julgar uma obra ela pretendia expor a própria linguagem crítica enquanto "escritura", engajada nos sentidos simbólicos do texto. Uma crítica da ordem do antropológico e não do histórico.*

Reprodução

W. Benjamin

BENJAMIN, Walter. *O conceito de crítica de arte no Romantismo alemão*. Trad. Márcio Seligmann-Silva. São Paulo, Ed. Iluminuras, 2002.

▸ *A tese de doutorado de Walter Benjamin,* O conceito de crítica de arte no Romantismo alemão *(1919) mostra como a teoria do conhecimento do grupo de Iena fundamenta as noções de "sistema", "crítica" e "forma" – esse último em substituição ao preceito clássico de "gênero", com todas as implicações não-dogmáticas importantes para uma reflexão sobre o ensaio.*

BENJAMIN, Walter. *Ursprung des deutchen Trauerspiel*. Frankfurt, Suhrkamp Verlag am Main, 1963.

BENSE, Max. "Über den Essay und seine Prosa". In: *Merkur 3*, 1947.

BERARDINELLI, Alfonso. *La forma del saggio (definizione e attualità di um genere letterario)*. Venezia, Marsilio Editori, 2002.

BERARDINELLI, Alfonso. "La saggistica italiana dopo il 1945". In: *50 anni di Letteratura italiana (1945-1995)*. Mexico, Universidade Nacional Autónoma de México, 1996.

BONENFANT, Joseph. "La pensée inachevée de l' essai". In: *Études littéraires vol. V*, nº 1, Quebec, abril de 1972.

BROUILLETTE, Claude. "L'essai: une frivolité littéraire?". In: *Études littéraires vol. V*, nº 1, Quebec, abril de 1972.

BUTOR, Michel. *Essais sur les essais*. Paris, Gallimard, 1968.

BURLAMARQUI KÖPKE, Carlos. *Do ensaio e suas várias interpretações*. São Paulo, Conselho Estadual de Cultura, 1964.

BUTRYM, Alexander *et alli*. *Essays on the essay. Redefining the genre*. Athens/London, The University of Georgia Press, 1989.

BURKE, Peter. *Montaigne*. New York, Hiel and Wang, 1982.

BENSMAIA, Reda. *The Barthes effect. The essay as a reflective text*. Minneapolis, University of Minnesota Press, 1987.

CHAMPIGNY, Robert. *Pour une esthétique de l'essai*. Paris, Lettres Modernes, 1967.

COMPAGNON, Antoine. *Chat en poche (Montaigne et l' allégorie)*. Paris, Seuil, 1993.

COSTA, Iná Camargo. "O ensaio de Adorno e a produção social da forma". In: *Trans/Form/Ação*. Departamento de Filosofia, Faculdade de Educação, Filosofia, Ciências Sociais e Documentação, UNESP, 1986/1987, pp. 41-49.

COSTA PINTO, Manuel da. *Albert Camus. Um elogio do ensaio*. São Paulo, Ateliê Editorial. 1998.

DELANNOI, Gil. "Éloge de l' essai". *Esprit*, 8-9, 1986.

GOMES, Eugênio. "Montaigne e o ensaio". In: *O Estado de São Paulo*, Suplemento Literário, 1, 14 set. 1957.

GOMES, Eugênio. In: "O ensaio inglês", idem, 1, 21 set. 1957.

GOOD, Graham, *The observing self. Rediscovering the essay*. London, Routledge, 1988.

HORKHEIMER, Max. "Teoria tradicional e teoria crítica". *Textos escolhidos*. São Paulo, Editora Abril, 1983.

HORKHEIMER, Max. "Montaigne y la función del escepticismo". *Teoria crítica*. Barcelona, Barral, 1973.

JAMESON, Fredric. "T. W. Adorno ou tropos históricos". *Marxismo e Forma*. São Paulo, Hucitec, 1985.

▸ *Ao escrever sobre Adorno, Fredric Jameson sugere que "O ensaio como forma" apresenta o filósofo alemão "sob o disfarce de um teórico do ensaio".*

LEENHARDT, Jacques. "La estructura ensayística de la novela latinoamericana". *Más Allá del boom (literatura y mercado)*. México, Marcha Editores, 1981.

LIMA, Sílvio. *Ensaio sobre a essência do ensaio*. São Paulo, Acadêmica, 1946.

LUKÁCS, Georg. "O escritor e o crítico". *Cadernos de Literatura*. Lisboa, D. Quixote, 1968.

LUKÁCS, Georg. "Sobre la esencia y la forma del ensayo". *El alma y las formas*. Barcelona, Grijalbo, 1975.

▸ *As inquietações anticapitalistas de George Lukács o levam a questionar o estilo burguês da digressão, do jogo e do fragmento para falar do mundo, perguntando se essas escolhas seriam resultados de impotência ou voluntarismo do crítico. Para Lukács, o ensaísta moderno só daria conta dos novos conteúdos históricos se questionasse tanto aquilo que é julgado quanto aquele que julga.*

MIGUEL-PEREIRA, Lucia. Prefácio a *Ensaístas ingleses*. São Paulo, Gráfica Editora, 1950.

► *No prefácio a* Ensaístas ingleses *de Lucia Miguel-Pereira compreende o ensaio mais como "atitude mental" do que como gênero literário: um pensamento excêntrico, porque descentrado e viajante. Entre a Inglaterra da rainha Elisabeth e a da rainha Vitória, o que ressalta é a capacidade de adaptação do ensaio, sua "mobilidade e complexidade", sua relação inquiridora, mais do que normativa, tudo como resultado de uma conjunção entre popularização de Montaigne no país e senso comum e* fairplay *britânicos.*

OUELLETTE, Fernand. "Divagations sur l' essai". In: *Études littéraires vol. V*, nº 1, Quebec, abril de 1972.

PAQUETTE, Jean-Marcel. "Forme et function de l' essai dans la literature espagnole". In: *Études littéraires vol. V*, nº 1, Quebec, abril de 1972.

PORTELA, Eduardo. "O ensaio como ensaio". *Estudos Universitários de Língua e Literatura*. Rio, Tempo Brasileiro, 1993.

POUILLOUX, J. Y. *Lire les "essais" de Montaigne*. Paris, François Maspero, 1969.

PRADO COELHO, Eduardo. "L'essai – la frontière entre la littérature et philosophie". *Frontières et limites*. Paris, Centre Georges Pompidou, 1991 (em português: "O ensaio em geral". *O cálculo das sombras*. Lisboa, Edições Asa, 1997).

PRADO JÚNIOR, Bento. "Sarte e o destino histórico do ensaio". In: prefácio a SARTRE, Jean-Paul, *Situações I – críticas literárias*. São Paulo, CosacNaify, 2005.

PROUST, Marcel. *Contre Sainte Beuve. Notas sobre crítica e literatura*. São Paulo, Iluminuras, 1988.

► *Os textos de Marcel Proust, deixados inacabados em 1909, comenta a crítica de Sainte-Beuve, um dos primeiros a mostrar o jornal como um veículo apropriado a certa índole ensaística, na sua coluna das segundas-feiras, onde entabulava amenas conversas com os leitores, tratando das relações de sociabilidade dos escritores e delineando seus retratos. Proust critica o imperativo de agradar aos leitores e o descompromisso das opiniões, sempre mutáveis, na vida de salão ao tempo do II Império francês.*

ROY, Fernand. "Un tombeau littéraire pour l' essai?". In: *Études littéraires vol. V.* nº 1, abril, Quebec, 1972.

SCHOLES AND KLAUS. *Elements of the essay.* New York, Oxford University Press, 1969.

STAROBINSKI, Jean. "Peut-on definir l'essai?". In: *Cahiers pour un temps.* Centre Georges Pompidou, 1985.

STAROBINSKI, Jean. *Montaigne em movimento.* São Paulo, Companhia das Letras, 1993.

VIERU, Sorin. "La condition de l'essai: sur la frontière entre la littérature et la philosophie". In: *Cahiers roumains d'études littéraires*, 1, 1987. pp. 58-62.

VIGNEAULT, Robert. "L'essai québécois: la naissance d' une pensée". In: *Études littéraires v. V.* nº 1, Quebec, abril de 1972.

O ENSAIO NO BRASIL

ARANTES, Paulo Eduardo. *Sentimento da dialética na experiência intelectual brasileira.* São Paulo, Paz e Terra,1992

ARRIGUCCI JR., Davi. "Movimentos de um leitor". In: D'INCAO, M. Ângela e SCARABÔLO, Eloísa Faria (orgs.). *Dentro do texto, dentro da vida.* São Paulo, Companhia das Letras, 1992.

BARBOSA, João Alexandre. "Forma e história na Crítica Brasileira de 1870-1950". *A leitura do intervalo.* São Paulo, Iluminuras, 1990.

BARBOSA, João Alexandre. "A paixão crítica. Forma e história na Crítica Brasileira". In: MEYER, Augusto. *Textos críticos.* São Paulo/Brasília, Perspectiva/INL, 1986.

Cláudia Guimarães/Folha Imagem

J. A. Barbosa

BROCA, Brito. *Naturalistas, Parnasianos e Decadistas (Vida Literária do Realismo ao Pré-Modernismo)*. Campinas, Editora da Unicamp, 1991.

CANDIDO, Antonio. "Drummond prosador". *Recortes*. São Paulo, Companhia das Letras, 1993.

CANDIDO, Antonio. "O significado de *Raízes do Brasil*". In: HOLLANDA, Sérgio Buarque de. Prefácio a *Raízes do Brasil*, Rio, José Oympio, 1981.

CANDIDO, Antonio. "Sérgio Milliet, o Crítico". In: MILLIET, Sérgio. *Diário Crítico de Sérgio Milliet*, vol. I. São Paulo, Martins-Edusp, 1981.

CANDIDO, Antonio. *Ficção e confissão*. Rio, Editora 34, 1992.

CARPEAUX, Otto Maria. "Crítica Literária". *Ensaios Reunidos (1942-1978)*, vol. I. Rio de Janeiro, UniverCidade Editora/Topbooks, 1999.

CARPEAUX, Otto Maria. "O crítico Augusto Meyer". Ob. cit.

EULÁLIO, Alexandre. "O ensaio literário no Brasil". *Escritos*. São Paulo/Campinas, Editora da Unesp/ Editora da Unicamp, 1992.

GOMES, Eugênio. *Ensaios*. Salvador, Publicações da Universidade da Bahia, 1958.

▸ *Eugênio Gomes ora trata o ensaio segundo categorias mais amplas de gênero (a forma evasiva reproduzindo o movimento flexível do pensamento, a manifestação do espírito individual, o traço conversacional, os argumentos não-dogmáticos), ora privilegia a feição moderna do ensaio no jornal e sua gênese no Brasil, desde as* Cartas *de Caminha, passando pelos "primeiros folhetins de crítica" de Machado de Assis.*

GOMES, Eugênio. "O ensaio no Brasil". In: *O Estado de São Paulo*, 4 jan 1958.

MEYER, Augusto. "João Ribeiro ensaísta". *Textos críticos* (org. de João Alexandre Barbosa). São Paulo, Perspectiva, 1986

Acervo do autor

A. Candido

Última Hora/Arquivo do Estado de SP

O. M. Carpeaux

MEYER, Augusto. In: RIBEIRO, João. Prefácio a *O Fabordão (crônica de vário assunto)*. Rio de Janeiro, Livraria Garnier, 1910.

PEREIRA, Astrojildo. "Pensadores, críticos e ensaístas". In: BERRIEN, William e BORDA DE MORAES, Rubens (dir). *Manual Bibliográfico de Estudos Literários*. Rio, Gráfica Souza, 1949.

▸ *Em 1949, num dos primeiros textos escritos sobre o ensaio no Brasil, Astrojildo Pereira filiará a importância do ensaísmo nacional aos interesses pelos problemas do país, mais do que a tendências especulativas. Mais tarde Eugenio Gomes fará referência ao pioneirismo de Astrojildo.*

SCHWARZ, Roberto. "Pressupostos, salvo engano, da 'Dialética da Malandragem'". *Que horas são?* São Paulo Companhia das Letras, 1987.

O teatro romântico brasileiro

JOÃO ROBERTO FARIA*

DRAMATURGIA

ABREU, Casimiro de. *Camões e o Jau*. Rio de Janeiro, SNT, 1972.

AGUIAR, Flávio (org.). *O teatro de inspiração romântica (Antologia do teatro brasileiro)*. São Paulo, Senac, 1998. Contém: *Antônio José ou O poeta e a Inquisição*, de Gonçalves de Magalhães; *Leonor de Mendonça*, de Gonçalves Dias; e *Gonzaga, ou A revolução de Minas*, de Castro Alves.

ALENCAR, José de. *Dramas*. São Paulo Martins Fontes, 2005. Contém: *Mãe* e *O jesuíta*.

ALMEIDA, Pires de. *Tiradentes ou O amor e o ódio*. São Paulo, Tip. Imparcial, 1861.

ANDRADA, Martim Francisco Ribeiro de. *Januário Garcia, o sete orelhas*. São Paulo, Tip. do Governo em Palácio, 1849.

AZEVEDO, Álvares de. *Teatro de Álvares de Azevedo: Macário/Noite na taverna*. Prefácio de Antonio Candido. São Paulo, Martins Fontes, 2002.

J. Alencar

* João Roberto Faria é professor de Literatura Brasileira no Departamento de Letras Clássicas e Vernáculas da Faculdade de Filosofia, Letras e Ciências Humanas da USP. É autor, entre outros, de *O teatro realista no Brasil: 1855-1865* (Perspectiva, 1993), *O teatro na estante* (Ateliê, 1998) e *Idéias Teatrais: o Século XIX no Brasil* (Perspectiva, 2001). Faz a coordenação da coleção "Dramaturgos do Brasil", de Martins Fontes.

Gonçalves Dias, Porto Alegre e Gonçalves Magalhães

AZEVEDO, Elizabeth R. (org.). *Antologia do teatro romântico*. São Paulo, Martins Fontes, 2006. Contém: *Calabar*, de Agrário de Menezes; *A voz do pajé*, de Bernardo Guimarães; e *Sangue limpo*, de Paulo Eiró.

BURGAIN, Luís Antônio. *Glória e infortúnio ou A morte de Camões*. 3ª ed. Rio de Janeiro, Tip. do Despertador, 1841.

BURGAIN, Luís Antônio. *A última assembléia dos Condes-Livres*. Rio de Janeiro: Austral, 1845.

BURGAIN, Luís Antônio. *Fernandes Vieira ou Pernambuco libertado*. Rio de Janeiro: Austral, 1845.

BURGAIN, Luís Antônio. *Pedro Sem que já teve e agora não tem*. 2ª ed. Rio de Janeiro: Laemmert, 1847.

BURGAIN, Luís Antônio. *Luís de Camões*. 5ª ed. Rio de Janeiro: Laemmert, 1849.

BURGAIN, Luís Antônio. *Três amores ou O governador de Braga*. Rio de Janeiro, Laemmert, 1860.

CASTRO ALVES. *Teatro completo*. São Paulo, Martins Fontes, 2004. Contém: *Gonzaga ou A revolução de Minas*, *D. Juan ou A prole dos saturnos* (inacabado) e *Uma página de escola realista*.

CORDEIRO, Carlos Antônio. *São esses os mais felizes*. Rio de Janeiro, Tip. de A. Borges da Fonseca, 1853.

CORDEIRO, Carlos Antônio. *Notável coincidência ou A justiça divina*. Rio de Janeiro, Tip. do Diário, 1854.

CORDEIRO, Carlos Antônio. *Fatalidades da vida*. Rio de Janeiro, Tip. de L. A. N. de Andrade, 1854.

CORDEIRO, Carlos Antônio. *A rainha de Espanha ou A vingança de um filho*. Rio de Janeiro, Tip. de L. A. N. de Andrade, 1854.

CORDEIRO, Carlos Antônio. *Os parentes desalmados*. Rio de Janeiro, Tip. do Diário, 1856.

CORDEIRO, Carlos Antônio. *O escravo fiel.* Rio de Janeiro, Tip. de Pinheiro & Cia., 1865., 1856.

GONÇALVES DIAS. *Teatro de Gonçalves Dias.* São Paulo, Martins Fontes, 2004. Contém: *Beatriz Cenci*, *Patkull*, *Leonor de Mendonça* e *Boabdil.*

GONÇALVES DE MAGALHÃES, D. J. *Tragédias.* São Paulo, Martins Fontes, 2005. Contém: *Antônio José ou O poeta e a Inquisição* e *Olgiato.*

LEME, Antônio Joaquim. *Coração da virtude ou A independência do Brasil.* São Paulo, Tip. Literária, 1860.

LOPES, Antônio de Castro. "Abamoacara". In: *Teatro do Doutor A. de Castro Lopes.* Rio de Janeiro, Imperial Instituto Artístico, 1864, tomo 1, pp. 107-186.

MACEDO, Joaquim Manuel de. *Teatro completo.* Rio de Janeiro, MEC/SNT, 1979-1982, 3 vols. Contém 14 peças, entre as quais os dramas *O cego*, *Cobé* e as comédias *O fantasma branco* e *O novo Otelo.*

MACEDO, Joaquim Manuel de. *Uma pupila rica.* Fundação Biblioteca Nacional, Departamento Nacional do Livro, 1995.

MARTINS PENA, L. C. *Comédias.* Rio de Janeiro, MEC/INL, 1956. Contém 20 comédias, entre as quais *O juiz de paz da roça* e *O noviço.*

Martins Pena

MARTINS PENA, L. C. *Dramas.* Rio de Janeiro, MEC/INL, 1956. Contém: *Fernando ou O cinto acusador*, *D. João de Lira ou O repto*, *D. Leonor Teles*, *Itaminda ou O guerreiro de Tupã* e *Vitiza ou O Nero de Espanha.*

MENDONÇA, Diogo de. *Ensaios dramáticos.* São Paulo, Tip. Alemã, 1872. Contém: *A família Razique*, *Nêmesis* e *O conde de Ourém.*

MENEZES, Agrário de. *Matilde.* Recife, Tip. Universal, 1854.

MENEZES, Agrário de. *Bartolomeu de Gusmão.* Salvador, Tip. Constitucional, 1865.

MENEZES, R. Otávio de Oliveira. *Haabás.* São Paulo, 1861.

PORTO ALEGRE, Araújo. *Teatro completo de Araújo Porto Alegre*. Rio de Janeiro, Tomo I, INACEN, 1988. Contém: *Os lobisomens*, *Os Lavernos*, *D. Sebastião*, *Cenas de Penafiel* e *A noite de S. João*.

PORTO ALEGRE, Araújo. *Teatro completo de Araújo Porto Alegre*. Rio de Janeiro, Tomo II, Funarte, 1997. Contém: *Angélica e Firmino*, *A estátua amazônica*, *O prestígio da lei* e *Os voluntários da pátria*.

SILVA, Joaquim Norberto de Sousa. *Clitemnestra, rainha de Micenas*. Rio de Janeiro, Archivo Theatral, vol. V, 1846.

SILVA, Joaquim Norberto de Sousa. *Amador Bueno ou A fidelidade paulistana*. Rio de Janeiro, Tip. Dois de Dezembro, 1855.

SOUZA, Antônio Gonçalves Teixeira e. *Cornélia*. Rio de Janeiro, Archivo Theatral, 1847.

SOUZA, Antônio Gonçalves Teixeira e. *O cavaleiro teutônico ou A freira de Marienburg*. Rio de Janeiro, Tip. Dois de Dezembro, 1855.

TAVARES, Constantino do Amaral. *O conde de Zampieri*. Salvador, Tip. do Diário, 1860.

TAVARES, Constantino do Amaral. *Os tempos da Independência*. Salvador, Tip. de França Guerra, 1861.

TAVARES, Constantino do Amaral. *Gonzaga*. Rio de Janeiro, Tip. de F. A. de Sousa, 1869.

TAUNAY, Visconde de. *Amélia Smith*. 2ª ed., São Paulo, Melhoramentos, sd.

TAUNAY, Visconde de. *Por um triz coronel!* São Paulo, Melhoramentos, sd.

TEIXEIRA, Pedro José. *O poder da natureza ou A honra premiada e a imprudência punida*. Rio de Janeiro: Laemmert, 1848.

VALLE, Paulo Antônio do. *O mundo à parte*. São Paulo, Tip. Imparcial de J. R. de Azevedo Marques, 1858.

VALLE, Paulo Antônio do. *Ensaios dramáticos*. São Paulo, 1862. Contém: *Caetaninho ou O tempo colonial*; *O capitão Leme ou A palavra de honra*; *As feiras de Pilatos*).

VALLE, Paulo Antônio do. *Caetaninho ou O tempo colonial*. In: MOURA, Carlos Eugênio Marcondes de (org.). *Vida cotidiana em São Paulo no século XIX*. São Paulo, Ateliê, Imprensa Oficial, Unesp, 1999, pp.283-344.

VARNHAGEM, Francisco Adolfo de. *Amador Bueno*, drama épico e histórico americano. Lisboa, edição particular, 1847.

COMENTÁRIOS

A produção dramática em nosso Romantismo foi razoavelmente extensa, como indica a bibliografia acima arrolada. O leitor perceberá que há um bom número de peças de autores pouco ou nada conhecidos hoje, que foram editadas no século XIX e nunca mais reeditadas. Elas estão aqui lembradas porque no seu tempo foram representativas das tendências estéticas então predominantes. Algumas até fizeram sucesso quando encenadas e chegaram a ter mais de uma edição. Como falam do gosto e das convenções de uma época, precisamos conhecê-las, se quisermos conhecer bem o movimento literário a que estão ligadas. Para isso, é mister freqüentar as bibliotecas em que estão guardadas, tais como a Biblioteca Nacional do Rio de Janeiro, o Real Gabinete Português de Leitura (no Rio de Janeiro, em Salvador ou no Recife), a Biblioteca Municipal Mário de Andrade, em São Paulo, entre outras.

Quatro foram os gêneros de peças cultivados pelos nossos escritores românticos: a tragédia neoclássica, o melodrama, o drama e a comédia de costumes.

A tragédia neoclássica já havia sido abandonada pelos dramaturgos europeus dos anos de 1830, depois de ter sido substituída no gosto popular pelo drama e pelo melodrama. Mas como o debate entre clássicos e românticos chegou tarde ao Brasil, nossos antepassados vivenciaram um fenômeno cultural no mínimo curioso: o romantismo teatral entre nós iniciou-se com uma tragédia, o que é um contra-senso, uma vez que o drama é o gênero de peça que Victor Hugo reivindicara para os novos tempos, em seu conhecido prefácio de *Cromwell*, de 1827. Assim, em 1838, no Rio de Janeiro, o ator João Caetano encenou a tragédia *Antônio José ou O poeta e a Inquisição*, de Gonçalves de Magalhães, com enorme sucesso, fazendo nascer o que os seus contemporâneos chamaram de "teatro nacional". O autor ainda escreveu e fez representar uma segunda tragédia, em 1839, intitulada *Olgiato*. Ambas, quando publicadas, foram precedidas de prefácios importantes para a compreensão das questões estéticas que agitavam aquele momento histórico. Lembre-se, porém, que o sucesso de *Antonio José* não fez nascer um significativo repertório brasileiro de tragédias. O gênero estava em baixa e só foi cultivado esporadicamente, por um ou outro escritor, como Joaquim Norberto de Sousa Silva (*Clitemnestra, rainha de Micenas*), Antonio Gonçalves Teixeira e Souza (*Cornélia*; *O cavaleiro teutônico ou a freira de Marienburg*) e Antônio de Castro Lopes (*Abamoacara*).

Maior fortuna teve o melodrama. Gênero popular por excelência, foi abundantemente representado nos teatros brasileiros para uma platéia que se encantava com os seus enredos mirabolantes, cheios de reviravoltas, surpresas e coincidências inverossímeis; que se comovia com os sofrimentos de uma personagem virtuosa, perseguida por um vilão terrível; e que respirava aliviada ao final com a vitória do bem. O repertório francês, de dramaturgos como Victor Ducange e Adolphe Dennery, entre muitos outros, serviu de modelo para Martins Pena e Luís Antônio Burgain, que foram nossos mais importantes autores de melodramas. O segundo teve várias peças representadas, enquanto o primeiro só viu em cena *Vitiza*, que não fez sucesso. Vale a pena ler esse melodrama de Martins Pena para se ter uma idéia de como esse tipo de peça era composto e para conhecer seus traços estilísticos, que se encontram em boa parte das peças brasileiras do período romântico.

Em outras palavras, pode-se dizer que o melodrama contaminou o drama, principalmente em autores que não conseguiram perceber as diferenças entre os dois gêneros. Mesmo um escritor mais criterioso como Castro Alves não escapou da sedução do melodrama em seu *Gonzaga ou A revolução de Minas*. Por outro lado, que prazer nos dá a leitura dos dramas de Gonçalves Dias, principalmente de *Leonor de Mendonça*, a peça mais bonita de todo o teatro brasileiro do século XIX. Estamos diante de uma verdadeira obra-prima, que nos toca pela emoção e pela poesia e que prende a nossa atenção pelo enredo bem arquitetado, pelos personagens de extraordinária densidade psicológica. Também são de bom nível os dramas escritos por José de Alencar. *Mãe* é um belo protesto contra a escravidão, como diagnosticou Machado de Assis, em 1860, e *O jesuíta* é um drama histórico escrito com muita sobriedade, para louvar a luta pela independência do Brasil. O sentimento nacionalista dos escritores românticos, aliás, fez com que o drama histórico fosse o gênero predileto dos nossos autores, como indicam os títulos presentes na bibliografia. Vale destacar, do conjunto, as peças de Agrário de Menezes, Paulo Eiró e Castro Alves, que ao argumento histórico juntaram a nobre aspiração de ver a escravidão extinta. Também merece menção o escritor Joaquim Manuel de Macedo. Seus dramas *O cego* e *Cobé* foram elogiados por Machado de Assis. E o segundo representa uma tentativa de levar ao teatro uma das vertentes mais fortes do nosso movimento romântico: o indianismo. Por uma série de razões, o que deu certo na poesia e na prosa não funcionou no teatro. Entre os autores que fizeram a mesma tentativa, pode-se lembrar Bernardo Guimarães, com *A voz do pajé*.

Fora de todos os padrões do teatro romântico, o genial Álvares de Azevedo não pode ser esquecido. Sua peça *Macário* é uma realização poética das mais belas, que não segue nenhuma regra e se afirma como um texto que mescla o lirismo ao épico e ao drama, numa atmosfera entre o onírico e o fantástico.

O chamado "teatro sério", das tragédias, dramas e melodramas, era o que dava prestígio ao escritor no Romantismo. A comédia era considerada gênero menor, principalmente se construída bom base no elemento burlesco. Foi essa idéia que levou Martins Pena a escrever melodramas, que ele chamou de dramas. Além disso, a comédia curta era encenada como complemento dos espetáculos teatrais, cujo "prato principal" era uma tragédia, um drama ou um melodrama. Quando, em 1838, João Caetano encenou o *Antônio José* de Gonçalves de Magalhães, ninguém deu atenção a outro fato ocorrido no mesmo ano: a representação da comediazinha em um ato, *O juiz de paz da roça*, de Martins Pena. A posteridade corrigiu a injustiça e consagrou o autor como o criador da comédia brasileira. Sua obra é composta de duas dezenas de comédias que ainda hoje nos divertem. São bem construídas, engraçadas, com suas descrições dos costumes, com seus recursos farsescos, com seus tipos bem representativos de um Brasil ainda engatinhando em termos de civilização. Além disso, é importante ressaltar que Martins Pena iniciou uma tradição que chegou aos nossos dias – a da comédia de costumes. Ainda no Romantismo sua obra foi modelo para Joaquim Manuel de Macedo e, posteriormente, para França Júnior e Artur Azevedo. A chamada "cor local", tão desejada pelos escritores românticos, encontra-se plenamente realizada em suas comédias.

HISTÓRIAS DA LITERATURA E DO TEATRO BRASILEIROS

BOSI, Alfredo. *História concisa da literatura brasileira*. São Paulo, Cultrix, 1970.

CACCIAGLIA, Mario. *Pequena história do teatro no Brasil (quatro séculos de teatro no Brasil)*. São Paulo, T. A. Queiroz/Edusp, 1986.

CAFEZEIRO, Edwaldo e GADELHA, Carmem. *História do teatro brasileiro. De Anchieta a Nelson Rodrigues*. Rio de Janeiro, Ed. da UFRJ/FUNARTE, 1996.

CANDIDO, Antonio. *Formação da literatura brasileira*. 4ª ed. São Paulo, Martins, 1971.

CASTELLO, José Aderaldo. *A literatura brasileira: origens e unidade*. São Paulo, Edusp, 1999.

HESSEL, Lothar & RAEDERS, Georges. *O teatro no Brasil sob D. Pedro II. 1ª parte*. Porto Alegre, Ed. da UFRGS/IEL, 1979.

HESSEL, Lothar & RAEDERS, Georges. *O teatro no Brasil sob D. Pedro II. 2ª parte*. Porto Alegre, Ed. da UFRGS/IEL, 1986.

MAGALDI, Sábato. *Panorama do teatro brasileiro*. São Paulo, Difel, 1962.

MARINHO, Henrique. *O teatro brasileiro (alguns apontamentos para a sua história)*. Rio de Janeiro, Garnier, 1904.

PAIXÃO, Múcio da. *O teatro no Brasil.* Rio de Janeiro, Brasília Editora, sd.

PICCHIO, Luciana Stegagno. *História da literatura brasileira.* Rio de Janeiro, Nova Aguilar, 1997.

PRADO, Décio de Almeida. "A evolução da literatura dramática". In: COUTINHO, Afrânio (org.). *A literatura no Brasil.* 2ª ed. Rio de Janeiro, Editorial Sul Americana, 1971, vol. 6, pp. 7-37.

Reproduzido de *Destinos mistos*, Cia. das Letras

Décio de Almeida Prado *versus* Paulo Emílio Salles Gomes

PRADO, Décio de Almeida. *História concisa do teatro brasileiro (1570-1908).* São Paulo, Edusp, 1999.

ROMERO, Sílvio. *História da literatura brasileira.* 7ª ed. Rio de Janeiro, José Olympio, INL/MEC, 1980.

SILVA, Lafayette. *História do teatro brasileiro.* Rio de Janeiro, Serviço Gráfico do Ministério da educação e Saúde, 1938

SOUSA, J. Galante de. *O teatro no Brasil.* Rio de Janeiro, MEC/INL, 1960.

VERÍSSIMO, José. *História da literatura brasileira.* 5ª ed. Rio de Janeiro, José Olympio, 1969.

COMENTÁRIOS

O estudo do teatro romântico brasileiro requer uma compreensão do Romantismo enquanto um movimento literário e artístico que nasceu como resposta a uma série de estímulos, que vão desde o conhecimento da literatura européia por parte dos escritores ao engajamento pela criação de uma literatura nacional, para quebrarmos definitivamente todos os laços que tínhamos com a antiga metrópole. O índio, a natureza, a história do país, os costumes do campo e da cidade, o uso brasileiro da língua portuguesa, tudo serviu de matéria para o romance, a poesia e o teatro. A compreensão desse fenômeno exige, pois, a leitura de histórias da literatura que apresentem uma visão de conjunto de todo o processo de assimilação e realização da estética romântica pelos escritores brasileiros. As obras indicadas na bibliografia são fundamentais, com destaque para *História concisa da literatura brasileira*, de Alfredo Bosi, *Formação da literatura brasileira*, de Antonio Candido e *A literatura brasileira: origens e unidade*, de José Aderaldo Castello. Em obras como *História da literatura brasileira*, de Sílvio Romero e *História da literatura brasileira*, de José Veríssimo, o leitor poderá ver como dois historiadores do século XIX tratam diferentemente da produção dramática do Romantismo. O primeiro, com bastante condescendência, mas com uma compreensão correta da importância de Martins Pena; o segundo, com rigor crítico e uma visão nada positiva acerca das comédias do autor.

Já nas histórias do teatro brasileiro, as melhores análises do período romântico são as feitas por Décio de Almeida Prado e Sábato Magaldi. Por outro lado, os dois volumes de Lothar Hessel e Georges Raeders ampliam as informações sobre o romantismo teatral, uma vez que detalham as realizações fora do eixo Rio de Janeiro-São Paulo. É indispensável também a consulta à obra de J. Galante de Sousa, que organizou no segundo volume uma biobibliografia que é ponto de partida para qualquer estudo que se queira fazer do nosso teatro.

ESTUDOS CRÍTICOS E BIOGRÁFICOS

AGUIAR, Flávio. *A comédia nacional no teatro de José de Alencar*. São Paulo, Ática, 1984.

ARÊAS, Vilma. *Na tapera de Santa Cruz: uma leitura de Martins Pena*. São Paulo, Martins Fontes, 1987.

AZEVEDO, Elizabeth R. *Um palco sob as arcadas: o teatro dos estudantes de direito do Largo de São Francisco, em São Paulo, no século XIX*. São Paulo, Annablume/Fapesp, 2000.

BARROS, Roque Spencer Maciel de. *A significação educativa do romantismo brasileiro: Gonçalves de Magalhães*. São Paulo, Grijalbo/Edusp, 1973.

BRANDÃO, Tânia. "Martins Pena e a questão do teatro nacional". In: *Monografias. 1977*. Rio de Janeiro, SNT, 1979 (Coleção Prêmios).

FARIA, João Roberto. *José de Alencar e o teatro*. São Paulo, Perspectiva/Edusp, 1987.

FARIA, João Roberto. *Idéias teatrais: o século XIX no Brasil*. São Paulo, Perspectiva/Fapesp, 2001.

FARIA, João Roberto. "A formação do teatro brasileiro". In: *O teatro na estante*. São Paulo, Ateliê Editorial, 1998, p.15-32.

GUINSBURG, J. (org.). *O romantismo*. São Paulo, Perspectiva, 1978.

HELIODORA, Bárbara. *Martins Pena: uma introdução*. Rio de Janeiro, Academia Brasileira de Letras, 2000.

HUPPES, Ivete. *Gonçalves de Magalhães e o teatro do primeiro romantismo*. Porto Alegre: Movimento; Lajeado: Fates, 1993.

HUPPES, Ivete. *Melodrama: o Gênero e sua Permanência*. São Paulo, Ateliê Editorial, 2000.

JACOBBI, Ruggero. *Goethe, Schiller, Gonçalves Dias*. Porto Alegre, Ed. da UFRGE, 1958.

KHÉDE, Sonia Salomão. *Censores de pincenê e gravata*. Rio de Janeiro, Codecri, 1981.

MACHADO DE ASSIS, J. M. *Crítica teatral*. Rio de Janeiro, Jackson, 1951, v. 30.

MAGALHÃES JÚNIOR, R. *Martins Pena e sua época*. 2ª ed. São Paulo, Lisa; Rio de Janeiro, INL, 1972.

MARTINS PENA, L. C. *Folhetins: a semana lírica*. Rio de Janeiro, MEC/INL, 1965.

MENDES, Miriam Garcia. *A personagem negra no teatro brasileiro*. São Paulo, Ática, 1982.

OLIVEIRA, Valdemar de. *Eça, Machado, Castro Alves, Nabuco e o teatro*. Recife, UFP/Imprensa Universitária, 1967.

PRADO, Décio de Almeida. *João Caetano*. São Paulo, Perspectiva, 1972.

PRADO, Décio de Almeida. *João Caetano e a arte do ator*. São Paulo, Ática, 1984.

PRADO, Décio de Almeida. *Teatro de Anchieta a Alencar*. São Paulo, Perspectiva, 1993.

PRADO, Décio de Almeida. *O drama romântico brasileiro*. São Paulo, Perspectiva, 1996.

João Caetano

SANTOS, João Caetano dos. *Lições dramáticas*. Rio de Janeiro, SNT/MEC, 1962.

SAYERS, Raymond. *O negro na literatura brasileira*. Rio de Janeiro, Ed. O Cruzeiro.

SERRA, Tânia Rebelo Costa. *Joaquim Manuel de Macedo ou Os dois Macedos: a luneta mágica do II Reinado*. Rio de Janeiro, Fundação Biblioteca Nacional, Departamento Nacional do Livro, 1994.

SILVEIRA, Francisco Maciel. *Concerto barroco às óperas do judeu*. São Paulo, Perspectiva/Edusp, 1992.

SUSSEKIND, Flora. *O negro como arlequim: teatro e discriminação*. Rio de Janeiro, Achiamé/Socii, 1982.

WINDMÜLLER, Käthe. *"O Judeu" no teatro romântico brasileiro*. São Paulo, Centro de Estudos Judaicos da FFLCH da USP, 1984.

COMENTÁRIOS

A melhor fortuna crítica para o estudo do teatro brasileiro romântico está no conjunto dos textos indicados neste bloco da bibliografia. Aqui há obras absolutamente indispensáveis, a começar por todos os títulos de Décio de Almeida Prado, estudioso que se debruçou sobre o período para analisá-lo tanto do ponto de vista dramático quanto cênico. O leitor pode começar por *João Caetano*, de 1972, no qual encontramos um vasto painel da vida teatral, vista a partir do palco, isto é, dos trabalhos do maior ator brasileiro do século XIX. Décio estuda o repertório de tragédias neoclássicas, dramas românticos e melodramas, que consagrou João Caetano e recria o clima da época, trazendo à tona as questões centrais que eram debatidas, como a formação do teatro brasileiro, o nacionalismo, os gêneros teatrais, o papel da imprensa e a atividade empresarial do ator. Em um segundo livro, *João Caetano e a arte do ator*, Décio estuda duas obras deixadas por João Caetano: *Reflexões dramáticas* e *Lições dramáticas* (esta, republicada em 1956). Trata-se, pois, de um livro muito específico, em que se busca analisar o estilo de interpretação de João Caetano e revelar as fontes que ele utilizou para escrever suas reflexões sobre a arte do intérprete. Preocupado em compreender o processo de assimilação da estética romântica pelos nossos escritores e artistas, Décio escreveu um ensaio precioso, intitulado "O advento do romantismo", incluído em *Teatro de Anchieta a Alencar*. Nesse mesmo livro, outros dois ensaios podem ser lidos com proveito: "O teatro romântico: a explosão de 1830" e "*Leonor de Mendonça*: amor e morte em Gonçalves Dias". Ambos são notáveis, seja pela clareza e profundidade com que se expõe o surgimento e a consolidação do teatro romântico na Europa, seja pela fina análise do mais belo drama do nosso Romantismo. A familiaridade com o assunto, adquirida ao longo de muitos anos de estudos e convivência com textos e dramaturgos, levou Décio a escrever uma obra específica sobre o período: *O drama romântico brasileiro*. Aqui são estudados os principais autores e peças que surgiram entre 1838 e 1868 e que estão indicados na primeira parte da bibliografia: Gonçalves de Magalhães, Burgain, Martins Pena, Gonçalves Dias, Álvares de Azevedo, Agrário de Menezes, José de Alencar, Paulo Eiró e Castro Alves.

Se Décio de Almeida Prado se notabilizou como crítico contemporâneo, já no século XIX o nosso maior escritor, quando jovem, dedicou-se à crítica teatral com bastante empenho. Claro que me refiro a Machado de Assis. Os artigos reunidos em *Crítica teatral* são uma fonte de informações e reflexões que não podemos dispensar. Vale a pena ler o que ele escreveu sobre Gonçalves de Magalhães, Alencar e Macedo. Ou sobre a situação do teatro brasileiro nos anos de 1850 e 1860. Alguns dos autores menos conhecidos hoje também são analisados em suas crônicas e críticas teatrais.

Várias outras obras da bibliografia merecem destaque. Entre as abordagens mais abrangentes do nosso teatro romântico, podemos lembrar o livro de Elizabeth R. Azevedo, *Um palco sob as arcadas: o teatro dos estudantes de direito do Largo de São Francisco, em São Paulo, no século XIX*, cujo título já explica o seu objeto de estudo. Todos nós sabemos que escritores românticos como Álvares de Azevedo e Castro Alves, entre outros, passaram pela Faculdade de Direito. No terreno das idéias teatrais românticas, o capítulo "O Romantismo", de *Idéias teatrais: o século XIX no Brasil*, de João Roberto Faria, põe o leitor diante de prefácios, cartas, ensaios que, lidos em conjunto, desenham o ideário estético dos escritores e intelectuais do período ligados ao teatro. O papel da censura, feita pelo Conservatório Dramático Brasileiro, pode ser compreendido a partir do livro de Sonia Salomão Khéde, *Censores de pincenê e gravata*. A recepção dos espetáculos e o comportamento do público surgem em descrições pitorescas nos folhetins de Martins Pena, reunidos em *Folhetins: a semana lírica*. A produção de melodramas, suas técnicas, seus temas e seu sucesso são objeto de *Melodrama: o Gênero e sua Permanência*, de Ivete Huppes. Por fim, vale lembrar que o estudo da dramaturgia romântica pode ser feito a partir dos ensaios e das obras monográficas indicadas na bibliografia. Gonçalves de Magalhães, José de Alencar, Gonçalves Dias e Martins Pena são os autores de maior fortuna crítica, por razões que não são difíceis de compreender. Cada um teve um papel fundamental no processo de formação e consolidação do teatro brasileiro.

GARAGE
SINCLAIR
STUDEBAKER

Índice Geral

Em 1943 foi criado o *Boletim Bibliográfico da Biblioteca Mário de Andrade*, que contava com a colaboração de grandes intelectuais brasileiros. O *Boletim* foi publicado até o número 49, em 1988. A partir do número seguinte, publicado em 1992, passou a se chamar *Revista da Biblioteca Mário de Andrade*, como é conhecida até hoje. Reproduzimos aqui os índices de todos os boletins e de todas as edições da revista, oferecendo aos pesquisadores e interessados uma visão do conjunto dos ensaios e textos publicados, como também de todos os seus colaboradores. As ilustrações das capas mostram as mudanças de projeto gráfico da publicação. A numeração e a data das edições reproduzem fielmente a folha de rosto de cada exemplar.

Boletim Bibliográfico

Publicação da Biblioteca Pública Municipal de São Paulo. Volume I (out.-dez. 1943)

COLABORAÇÃO ORIGINAL

"Boletim Bibliográfico" • Fidelino de Figueiredo

Alguns Trabalhos Recentes Sobre Aculturação • Emílio Willems

Bibliografia do P. Wilhelm Schmidt, S.v. D. • Egon Schaden

História da Economia • Frederico Heller

A Edição Diplomática do "Cancioneiro da Ajuda" • Silveira Bueno

Bibliografia de Gonlçalves Dias • Fritz Ackermann

AUTORES & LIVROS

Ensaio Sobre a História da Etnologia Brasileira • Herbert Baldus

Fontes Bibliográficas das Estatísticas de População do Estado de São Paulo • Samuel Lowrie

Cavalhadas Brasileiras e Sua Iconografia • Affonso E. Taunay

Há Vinte e Cinco Anos • Edgard Cavalheiro

Bibliografia de João Ribeiro • Múcio Leão

A Vida Íntima de Dostoiévski • Lucie Marion

BIBLIOGRAFIA

Registo Bibliográfico das Obras Entradas na Biblioteca Pública Municipal de São Paulo de 1 de Junho a 31 de Outubro de 1943

Boletim Bibliográfico

Volume II (jan.-mar. 1944)

COLABORAÇÃO ORIGINAL

O Estado Atual dos Estudos Antropológicos e Sociológicos Sobre a Educação • Emílio Willems

A Consciência Burguesa • Frederico Heller

Apontamentos Bibliográficos para o Estudo dos Índios Kaingang • Francisco Schaden

Influência da Biblioteca nos Estudos de Filologia • Silveira Bueno

Reedições Recentes dos Albuns do Brasil Antigo • Luis Washington
Bibliografia Brasileira da Educação Física • Nicanor Miranda
Um Pequeno Livro Interessante: "A Província do Rio Sapucaí" • Ernani Silva Bruno

AUTORES & LIVROS
Cultura Brasileira • Antonio Candido
O Período Republicano • Gilberto Freyre
Bio-bibliografia de Paulo Gonçalves • Mário Donato
Ruy • Álvaro Lins
Cristóvão Valente Autor dos "Poemas Brasílicos" • Serafim Leite
Cavalhadas Brasileiras e Sua Iconografia • Affonso de E. Taunay
As Fontes Bibliogênicas da História Gaúcha • Antônio C. Machado

NOTICIÁRIO
Material Bibliográfico dos Estados Unidos

BIBLIOGRAFIA
Registo Bibliográfico das Obras Entradas na Biblioteca Pública Municipal de São Paulo de 1 de Novembro de 1943 a 31 de Janeiro de 1944

Boletim Bibliográfico

Volume III (abr.-jun. 1944)

COLABORAÇÃO ORIGINAL
Escritores Alemães no Exílio • Carlos Von Lustigprean
Monteiro e o Prelo Manual • Roger Bastide
Contatos Raciais e Culturais no Brasil • Donald Pierson, Ph. D.
Três Recentes Publicações Brasileiras para o Indianista • Herbert Baldus
Os Sistemas Filosóficos • Cecília de Campos Pereira Vampré
Literatura Estatística • Frederico Heller
Apontamentos para a Bibliografia da Língua Tupi-guarani • M. de L. Paula Martins
A Demanda do Santo Graal • Silveira Bueno

AUTORES & LIVROS
A Poética de Gonçalves Dias • Manuel Bandeira
A Filosofia de Anatole France • Jean Maugué
História da Cultura • Edmundo Rossi
Apontamentos Sobre a Cidade de São Paulo no Século XIX • Ernani Silva Bruno

BIBLIOGRAFIA
Registro Bibliográfico das Obras Entradas na Biblioteca Pública Municipal de São Paulo de 1 de Fevereiro a 30 de Abril de 1944

Boletim Bibliográfico

Volume IV (jul.-set. 1944)

COLABORAÇÃO ORIGINAL
Bibliografia da "Verdadeira História" de Hans Staden • C. Fouquet
Bergson e São Tomás • Roger Bastide
Ex-libris • Igor N. P. Dolgorukij
A Gramática Kaingang de Frei Mansueto • Francisco S. G. Schaden
Bibliografia de Jornais, Revistas e Folhetos Existentes na Seção de Livros Raros da Biblioteca Pública Municipal • Erina de Assumpção Machado

AUTORES & LIVROS
Novidades Tupinológicas • Herbert Baldus
Centenário de Antole France • Sérgio Milliet
Uma Pesquisa na Biblioteca Municipal • Frederico Heller
Bibliografia de La Fontaine • Mário de Lima Barbosa
O Visconde de Porto Seguro • Tito Lívio Ferreira
Interpretação do "Cântico dos Cânticos" • Jamil Almansur Haddad

BIBLIOGRAFIA
Registro Bibliográfico das Obras Entradas na Biblioteca Pública Municipal de São Paulo de 1 de Novembro a 30 de Abril de 1944

Boletim Bilbiográfico

Volume V (out.-dez. 1944)

COLABORAÇÃO ORIGINAL

Ensaio Bibliográfico Sobre as Bandeiras • A. P. Canabrava

Princípios Econômicos Vigentes no Brasil nas Duas Décadas do Século XIX • Ciro T. de Pádua

Serviço Social • Frederico Heller

Novas Publicações Brasileiras para o Indianista • Herbert Baldus

Uma Bibliografia Crítica das Histórias da Filosofia no Brasil • Luís Washington

Sânscrito • Silveira Bueno

AUTORES & LIVROS

A Evolução Religiosa de André Gide • Roger Bastide

O Brasileiro e o Hábito da Leitura • Rui Bloem

Alfred Reginald Radcliffe – Brown • A. R Müller

A Bibliografia de Jahn • Nicanor Miranda

Literatura Francesa no Exílio • Henri Hell

BIBLIOGRAFIA

Registro Bibliográfico das Obras Entradas na Biblioteca Pública Municipal de São Paulo de 1 de Outubro a 31 de Dezembro de 1944.

Boletim Bibliográfico

Volume VI (jan.-mar. 1945)

COLABORAÇÃO ORIGINAL

Bibliografia da Sociologia Francesa Contemporânea (1930-1940) • Roger Bastide

Alguns Estudos Recentes de Antropologia Física • Emílio Willems

Contribuições para o Estudo da Formação das Classes Sociais no Brasil • Ciro T. de Pádua

Xocrén É Idioma Caingangue • R. F. Mansur Guérios

O Dicionário Brasileiro-português e o Manuscrito 11.481 da Biblioteca Nacional • M. de L. de Paula Martins

Transliteração • Gallia Solodovnikov/Adelpha R. Figueiredo

AUTORES & LIVROS

Panorama da Historiografia Brasileira • Antônio Franca

Três Poetas Parnasianos • Alfred Bonzon

Os "Sertões" Através de Notas Marginais • Tito Lívio Ferreira

Educação Estatística e Histórica nas Ciências Sociais • Dr. B. D. Silberschmidt

BIBLIOGRAFIA

Registro Bibliográfico das Obras Entradas na Biblioteca Pública Municipal de São Paulo de 1 de Janeiro a 31 de Março de 1945

Boletim Bibliográfico

Volume VII (abr.-jun. 1945)

COLABORAÇÃO ORIGINAL

Contribuição para um Estudo da Expressão Gráfica dos Quadros Religiosos na Renascença • Sérgio Milliet

Alguns Aspectos do Pensamento Brasileiro • Cruz Costa

A Sátira na Literatura Brasileira • Oswald de Andrade

As Publicações Científicas da Escola Livre de Altos Estudos no Brasil • Roger Bastide

História da Poesia Brasileira • Cassiano Nunes

AUTORES & LIVROS

Juana Inés de La Cruz • Manuel Bandeira

A Medicina Francesa Depois de 1940 • Dr. A. C. Pacheco e Silva

Franz Boas e a Alemanha • Herbert Baldus

BIBLIOGRAFIA

Registro Bibliográfico das Obras Entradas na Biblioteca Pública Municipal de São Paulo de 1 de Abril a 30 de Junho de 1945

Boletim Bibliográfico

Volume VIII *(jul.-set. 1945)*

COLABORAÇÃO ORIGINAL

Biblioteca Pública Municipal de São Paulo • Redação
Kant, o Normalismo Medieval e a Educação Científica Moderna • Brenno Daniel Silberschmidt
Ensaio Bibliográfico Sobre as Bandeiras • A. P. Canabrava
Frei Vicente do Salvador • Raimundo de Menezes
Curt Nimuendajú • Herbert Baldus
Evolução do Conto Brasileiro • Edgard Cavalheiro

AUTORES & LIVROS

Psicologia e Condições de Guerra • Frank Philips
Concepção e Expressão na Criança • Marcos Pimentel
Diferenças Fisiológicas de Estados Emocionais • Annita de Castilho Cabral
Padrões de Comportamento dos Pais • Virgínia Leone Bicudo
Introdução Ao Estudo da Literatura Brasileira • Manuel Cerqueira Leite
Inês de Castro • J. Phillispson

BIBLIOGRAFIA

Registro Bibliográfico das Obras Entradas na Biblioteca Pública Municipal de São Paulo de 1 de Julho a 30 de Setembro de 1945

Boletim Bibliográfico

Volume IX *(out.-dez. 1945)*

COLABORAÇÃO ORIGINAL

A Cenografia • Giovanni Colacicchi
"Mármores" e "Esfinges" de Francisca Júlia • Jamil Almansur Haddad
Nota Bibliográfica Sobre Alguns Aspectos da Formação das Cidades Brasileiras • L. A. Costa Pinto
Uma Raridade Bibliográfica • Silveira Bueno

AUTOES & LIVROS

O Romance Brasileiro de 1930 para Cá • José Geraldo Vieira
Possibilidade de Pesquisas Etnográficas Entre os Índios do Brasil • Herbert Baldus
Ensaios Sul-americanos • J. F. de Almeida Prado
Alguns Problemas de Perturbação de Caráter • Marcos Pontual
A Propaganda Radiofônica Alemã na Guerra • Annita de Castilho Cabral
Crianças Esquisofrênicas • Yolanda de Paiva
Influências das Diferenças de Idade Sobre a Personalidade, na Vida Adulta • Aniela Ginsberg
Dificuldades Escolares e Pedagogia Clínica • Nelson de Campos Pires
Os Meios de Comunicação • Adelheid Koch

BIBLIOGRAFIA

Registro Bibliográfico das Obras Entradas na Biblioteca Pública Municipal de São Paulo de 1 de Outubro a 31 de Dezembro de 1945.

Boletim Bibliográfico

Volume X *(1947)*

COLABORAÇÃO ORIGINAL

A Pintura e a Vida • Luís Martins
Classificação de Literatura • Maria Emília Soares de Souza Araujo
Aspectos Culturais da Poesia Brasileira • Tito Lívio Ferreira
Publicações Brasileiras para o Indianista • Herbert Baldus
Sobre o Problema da Tradução • Luis Washington

AUTORES & LIVROS

A Historiografia Brasileira em 1946 • José H. Rodrigues
Métodos Projectivos • Angela Ginsberg

BIBLIOGRAFIA

Registro Bibliográfico das Obras Entradas na Biblioteca Pública Muninicipal de São Paulo de 1 de Janeiro a 31 de Março de 1946

Boletim Bibliográfico

Volume XI *(1948)*

COLABORAÇÃO ORIGINAL

Alfred Vigny, Pai da Poesia Moderna • Roger Bastide
Bibliotecas Infantis • Luis Jardim
As Bibliotecas da França e a Guerra • Jean Gallotti
Seção de Microfilme da Biblioteca Pública Municipal • Elza de Moraes Barros Kyrillos
Alguns Problemas de Classificação • Noêmia Lentino
Em Abono de Baptista Caetano • J. Philipson

AUTORES & LIVROS

"Diabo Coxo" • João Amoroso Netto
O Livreiro Chadenat • J. F. de Almeida Prado
Clarificando os Conceitos de Emoção, Atitude e Atenção • Noêmia Lentino
Algumas Considerações Acerca da Validez do Psicodiagnóstico de Rorschach • Antonio Miguel Leão Bruno
Atlas de Psicologia • Betti Katzenstein
Piscologia • Aniela Ginsberg
Sutilezas da Língua Tupi • M. de L. Paula Martins

BIBLIOGRAFIA

Registro Bibliográfico das Obras Entradas na Biblioteca Pública Municipal de São Paulo de 1 de Abril a 30 de Junho de 1946

Boletim Bibliográfico

Volume XII *(1949)*

COLABORAÇÃO ORIGINAL

"Uma Raridade Bibliográfica" • José M. Rodriguez
O Cinema e o Mundo Infantil • Betti Katzenstein/ Beatriz de Freitas
Índice Alfabético e Remissivo para o Dicionário Bio-bibliográfico Cearense de Guilherme Studart • Regina Lopes Teixeira
Um Inédito de Afrânio Peixoto • L. A. Costa Pinto
Apontamentos Bibliográficos para o Estudo dos Índios Xokléng • Francisco S. G. Schaden
Notas Referentes Ao "Dicionário Português-brasiliano" • M. de L. Paula Martins

AUTORES & LIVROS

"Uma Raridade Bibliográfica" • J. Philipson
Os Novos Rumos da Filosofia • J. Cruz Costa
Revista do Museu Paulista • Herbert Baldus
"O Farol Paulistano" • J. Amoroso Netto

BIBLIOGRAFIA

Registro Bibliográfico das Obras Entradas na Biblioteca Pública Municipal de São Paulo de 1 de Junho a 30 de Setembro de 1946

Boletim Bibliográfico

Volume XIII *(1949)*

COLABORAÇÃO ORIGINAL

Nomes Brasileiros, um Problema na Catalogação • Maria Luiza Monteiro
Organização da Seção de Microfilme da Biblioteca Pública Municipal • Elza de Morais Barros Kyrillos
Bibliografia e Plano das Obras Completas de José de Alencar • José Aderaldo Castello
Vocabulário Tupis – o Problema VLB • M. L. de Paula Martins
Organização de Revistas Especializadas • Roberto Thut
Introdução Ao Problema das Gerações • Luis Washington

AUTORES & LIVROS

Expressão Gráfica e Personalidade • Betti Katzenstein
Obras Recentes Sobre Mallarmé • A. Bonzon
"O Saquarema" • João Amoroso Netto
Sistemática da Bibliografia Proustiana • Octacílio Alecrim

BIBLIOGRAFIA

Registro Bibliográfico das Obras Entradas na Biblioteca Pública Municipal de São Paulo de 1 de Outubro a 31 de Dezembro de 1946

Boletim Bibliográfico

Volume XIV (1950)

COLABORAÇÃO ORIGINAL

Notas para um Estudo da Novelística • Antônio D'Elia

Recentes Contribuições à Antropologia Brasileira • Egon Schaden

Notas Linguísticas • Cruz Cordeiro

Bibliotecas Paulistas do Século XVIII • Aluísio de Almeida

Bibliografia da História da Literatura Brasileira • Maria Leonor Voigtlaender

A Biblioteconomia no Norte e no Nordeste do Brasil • Maria Luísa Monteiro da Cunha

Índice do Dicionário Bio-bibliográfico Sergipano do Dr. Armindo Guaraná • Maria Helena de Castro Horta/ Diva de Campos Lennon

AUTORES & LIVROS

"A Crença" • J. Amoroso Netto

"História da Imprensa Árabe no Brasil" • Jamil Safady

BIBLIOGRAFIA

Registro Bibliográfico das Obras Entradas na Biblioteca Pública Municipal de São Paulo de 1 de Janeiro a 30 de Março de 1947

Boletim Bibliográfico

Volume XV (1950)

COLABORAÇÃO ORIGINAL

No Quarto Centenário da Chegada à Bahia do Fundador de São Paulo • Tito Lívio Ferreira

Bibliografia Linguística • Cruz Cordeiro

Um Ante-projeto de Regulamento para a Biblioteca Municipal de São Paulo • Antonio D'Elia

Bibliotecas Populares e Serviço de Leitura a Domicílio • Francisco José de Azevedo

Classificação dos Livros de Direito na Biblioteca Municipal e Seus Problemas • Noemí do Val Penteado

O Microfilme nas Bibliotecas Norte-americanas • Maria Luísa Monteiro da Cunha

AUTORES & LIVROS

Bibliotecas e Livreiros da Cidade de São Paulo • Ernani Silva Bruno

As Origens do Homem Americano • Egon Schaden

Verificação da Teoria da Inibição Retroativa • Raul de Morais

Estudos Sobre a Aprendizagem e Retenção de Conceitos • Eugênia Morais de Andrade

BIBLIOGRAFIA

Registro Bibliográfico das Obras Entradas na Biblioteca Pública Municipal de São Paulo de 1 de Abril a 30 de Junho de 1947

Boletim Bibliográfico

Volume XVI (1950)

COLABORAÇÃO ORIGINAL

Medicina e Magia nos Candomblés • Roger Bastide

Algumas Observações para o Uso da Notação na Literatura • Regina Carneiro

Bibliografia Geral de Belas Artes

AUTORES & LIVROS

A Profissão de Bibliotecário • Zilda Machado Taveira

Metodologia e Pesquisa Científica • Brenno Daniel Silberschmidt

Gregório de Mattos no Ambiente da Terra Natal • Afonso Costa

"O Oitenta e Nove" • João Amoroso Netto

A Leitura Pública na França

BIBLIOGRAFIA

Registro Bibliográfico das Obras Entradas na Biblioteca Pública Municipal de São Paulo de 1 de Julho a 30 de Setembro de 1947.

Boletim Bibliográfico

Volume XVII *(1951)*

COLABORAÇÃO ORIGINAL

Uma Coleção de Livros de Filosofia • Antônio D'Elia
Os "Cuadernos de Sociologia" • Roger Bastide
Movimento Estatístico da Biblioteca Municipal de S. Paulo no Primeiro Semestre de 1950 • Jaime Gilberto Ramaciotti
Biblioteca de Colombo • Marina Pinheiro Lima
Como Classificar Biografias • Noêmia Lentino

AUTORES & LIVROS

O Centenário de Guerra Junqueiro • Modesto de Abreu
"Miscellanea" • João Amoroso Netto

BIBLIOGRAFIA

Registro Bibliográfico das Obras Entradas na Biblioteca Pública Municipal de São Paulo de 1 de Outrubro a 31 de Dezembro de 1947

Boletim Bibliográfico

Volume XVIII *(1951)*

COLABORAÇÃO ORIGINAL

Biblioteca Pública Municipal de S. Paulo
Três Novidades Indianistas • Herbert Baldus
Localização de Livros • Maria Emília Araújo

AUTORES & LIVROS

"O Paladino" • João Amoroso Netto
A Psicologia Bibliográfica de Nicolas Roubakine • Adolphe Ferrière
Livros, Bibliotecas e Bibliófilos Entre os Árabes • José Khoury

BIBLIOGRAFIA

Registro Bibliográfico das Obras Entradas na Biblioteca Pública Municipal de São Paulo de 1 de Janeiro a 31 de Março de 1948

Boletim Bibliográfico

Volume XIX *(1951)*

COLABORAÇÃO ORIGINAL

A Sociologia Francesa de Após-guerra • Roger Bastide
Exposição de Encadernações Francesas • J. F. de Almeida Prado
Movimento Estatístico da Biblioteca Pública Municipal de São Paulo em 1950 • Jaime G. Ramaciotti
Cartas de Tropeiros • Aluísio de Almeida

AUTORES & LIVROS

Agenda do Livro Francês: Paul Arbousse-Bastide
"La Sfida" e "Il Di Picche" • João Amoroso Netto

BIBLIOGRAFIA

Registro Bibliográfico das Obras Entradas na Biblioteca Pública Municipal de São Paulo de 1 de Abril a 30 de Junho de 1948.

Boletim Bibliográfico

Volume XX *(1952)*

COLABORAÇÃO ORIGINAL

Conferência Latino-americana de Bibliotecários
Assistência Técnica Às Bibliotecas Brasileiras • Hélio Gomes Machado
O Problema da Catalogação dos Nomes Portugueses e Brasileiros • Antônio Caetano Dias
Breve Bibliografia de Biblioteconomia • Xavier Placer
Periódicos Etnológicos em Língua Alemã • Herbert Baldus
Bibliotecas Populares em Recife

AUTORES & LIVROS

A Biblioteca do Escorial • Adriano de Gusmão

BIBLIOGRAFIA

Registro Bibliográfico das Obras Entradas na Biblioteca Pública Municipal de São Paulo de 1 de Julho a 30 de Setembro de 1948.

Boletim Bibliográfico

Volume XXI *(1955)*

COLABORAÇÃO ORIGINAL

Índice Alfabético para "Constituintes Brasileiros de 1934" • Diva Campos Lennon
Número de Chamada • Noêmia Lentino
Sobrados e Mucambos • João Scantimburgo
O "Teeteto de Platão" • Luis Washington

AUTORES & LIVROS

A Filosofia no Brasil • Helio Jaguaribe

BIBLIOGRAFIA

Registro Bibliográfico das Obras Entradas na Biblioteca Pública Municipal de São Paulo de 1 de Outubro a 31 de Dezembro de 1948.

Boletim Bibliográfico

Volume XXII *(1953)*

COLABORAÇÃO ORIGINAL

O Casamento de Fagundes Varela • Aluisio de Almeida
A Expansão do "Uso" de Microfilmes • G. Oscar Campiglia
A Idéia dum Dicionário de Particularidades Lingüísticas e Sua Justificação • Erich Arnold Von Buggehanhagen
O Bibliotecário de Referência • Xavier Placer

AUTORES & LIVROS

Dois Séculos de Literatura • Múcio Leão

BIBLIOGRAFIA

Registro Bibliográfico das Obras Entradas na Biblioteca Pública Municipal de São Paulo de 1 de Janeiro a 31 de Março de 1949.

Boletim Bibliográfico

Volume XXIII *(1958)*

COLABORAÇÃO ORIGINAL

Os Livros Raros • G. D. Leoni
Paralelo entre Edições da Classificação Decimal de Dewey • Noêmia Lentino
Normas para a Compilação de um Catálogo Coletivo de Periódicos • Biblioteca Central da USP

AUTORES & LIVROS

Alguns Aspectos da Poesia Negra • Sérgio Milliet
A Nova Crítica • Wilson Martins

BIBLIOGRAFIA

Registro Bibliográfico das Obras Entradas na Biblioteca Pública Municipal de São Paulo de 1 de Abril a 30 de Junho de 1949

Boletim Bibliográfico

Biblioteca Municipal Mário de Andrade. Volume XXIV *(sem data)*

Apresentação • Sérgio Milliet

COLABORAÇÃO ORIGINAL

Adelpha Rodrigues Figueiredo

Biografia • Noemí do Val Penteado
Palavras de Despedida • Regina Carneiro
Curriculum Vitae • Regina Carneiro
Ranganathan e Sua Classificação dos Dois Pontos • Noêmia Lentino

REGISTRO BIBLIOGRÁFICO
Secção de Classificação e Catalogação
Secção de Arte
Mapoteca

Boletim Bibliográfico

Volume XXV (1969)

COLABORAÇÃO ORGINAL
Encontrando um Incunábulo de 1498 que Pertenceu a Cabral • Nicolau Duarte Silva
Um Romance Inacabado de Alencar • Wilson Martins
Texto e Espetáculo • Gilberta Autran Von Pfuhl
Os Caminhos Cruzados de *Fogo Morto* • Maria Aparecida Santilli
Origens, Difusão e Características dos Incunábulos • Giulio David Leoni

REGISTRO BIBLIOGRÁFICO
De Obras Publicadas em 1966, 1967, 1969, e Incorporadas Ao Acervo da Biblioteca Municipal "Mário de Andrade".

Boletim Bibliográfico

Número Especial. Fevereiro de 1970

Mário e a Linguagem Brasileira • Hermann José Reipert
A Margem e o Texto: Contribuição para o Estudo de "Macunaíma" • Terezinha A. Pôrto Ancona Lopez
Cartas Inéditas de Mário de Andrade • Roberto de Paula Leite
Grupo de Moçambique "São Benedito" de Jacareí • Maria José Nunes Siqueira
Cronologia Geral da Obra de Mário de Andrade • Telê Porto A. Lopez

Boletim Bibliográfico

Biblioteca Municipal Mário de Andrade
Volume XXVI (jul.-set. 1970)

COLABORAÇÃO ORIGINAL
A Faculdade de Direito na História de São Paulo e do Brasil • Dr. Aureliano Leite
Do Cantochão à Bossa Nova • Caio Porfírio Carneiro
Paul Otlet, a Documentação e a CDU • Noêmia Lentino
A Biblioteca e a Comunidade • Odette Senna de Oliveira Peuuc
Obras do Século XV na Biblioteca Municipal Mário de Andrade, de São Paulo • Rosemarie Erika Horch

REGISTRO BIBLIOGRÁFICO
Obras Publicadas em 1967, 1968, 1969, e Incorporadas Ao Acerco da Biblioteca Municipal "Mário de Andrade"

Boletim Bibliográfico

Volume XXVII (jul.-set. 1970)

COLABORAÇÃO ORIGINAL
As Doutrinas Filosóficas na Lírica Camoniana • Maria Helena Ribeiro da Cunha
Paulo Setúbal e a Consciência Nacional • Ipiapaba Martins
Beckman, Conspirador • Wolney Milhomem
Mário de Andrade, a Música e o Folclore Brasileiros • Rossini Tavares de Lima
Achega para Uma Biografia de Tiradentes • Clóvis Moura

REGISTRO BIBLIOGRÁFICO
De Obras Publicadas em 1969, 1970, 1971, e Incorporadas ao Acervo da Biblioteca "Mário de Andrade".

Boletim Bibliográfico

Volume XXVIII (out.-dez. 1971)

COLABORAÇÃO ORIGINAL

O Chefe da Missão de Artistas Franceses • Caio Porfírio Carneiro

A Poesia Popular na Expressão de Mário de Andrade • Telê Porto A. Lopez

Ângulo e Face de um Poeta da Geração de 45 • Benedicto Luz e Silva

Não se deve Improvisar • Sydow Lopes

Livros e Autores • Hermann José Reipert

Antes dos Versos • Euclides da Cunha

Menotti em Face do Modernismo • Henrique L. Alves

Catalogação-na-fonte • Regina Carneiro

Giovanni Boccaccio • Ipiapaba Martins

REGISTRO BIBLIOGRÁFICO

Obras Publicadas em 1969, 1970, 1971, e Incorporadas Ao Acervo da Biblioteca Municipal Mário de Andrade.

Boletim Bibliográfico

Volume XXIX (jan.-mar. 1972)

COLABORAÇÃO ORIGINAL

Gama Roza • Precursor da Sociologia no Brasil: Clóvis Moura

Manifestações Coreográficas em Território Paulista • Maria A. C. Giffoni

A Inglória Morte do Velho Teatro • Jacob Penteado

Tempos e Lugares de Niccoló Machiavelli (1469-1527) • Mário Savelli

Bibliografia Sobre a Semana de Arte Moderna • M. Teresa F. Mathias

LIVROS E AUTORES

O Ontem: Poesia de Raul de Leoni – o Hoje: Poesia de Maria José Giglio • Hermann Reipert

Notícia de São Paulo a Mário de Andrade • Afrânio Zuccolotto

Prefácio a "Éramos Seis", da Senhora Leandro Dupré • Monteiro Lobato

REGISTRO BIBLIOGRÁFICO

De Obras Publicadas em 1969, 1970, 1971, e Incorporadas Ao Acervo da Biblioteca Municipal Mário de Andrade

Boletim Bibliográfico

Volume XXX (abr.-jun. 1972)

COLABORAÇÃO ORIGINAL

Tradições Brasileiras – Serenatas • Maria A. C. Giffoni

Problemático Incentivador de "Nós" • Everardo Tibiriçá

O Mundo de Sonho de Uma Autora • Benedicto Luz e Silva

Paulo Setúbal • Benedicto Pires de Almeida

A Fase Catarinense de Sílvio Pleticos • Péricles Prade

O Livro e a Educação • Maria L. de C. Bastos

O Livro Medieval e o Incunábulo • Mário Savelli

Verner W. Clapp • Regina Carneiro

A Maior Invenção desde a Página de Rosto? • Verner W. Clapp

Uma Dinâmica para o Folclore do Abandono • Paulo Dantas

LIVROS E AUTORES

O Ontem

A Última Entrevista de Euclides da Cunha

O Hoje

A Poesia Pede Passagem (Antologia) • Herman José Reipert

REGISTRO BIBLIOGRÁFICO

Obras Publicadas em 1969, 1970, 1971, e Incorporadas Ao Acervo da Biblioteca Municipal Mário de Andrade

Boletim Bibliográfico

Volume XXXI *(jul.-set. 1972). Número Especial*

Prefácio • Antônio D'Elia
Sérgio Milliet • Maria de Lourdes Teixeira
Sérgio Milliet • Paulo Duarte
Reencontro com Sérgio Milliet • Domingos Carvalho da Silva
Histoire D'um Amour Déçu • Roger Bastide
Sérgio Milliet • Antonio Candido
Sérgio Milliet: Notas para uma Bibliografía • Antônio D'Elia
Meu Amigo Sérgio • Luís Martins
Permanência de Sérgio Milliet • Péricles Eugênio da Silva Ramos
Sérgio e Sua Geração • Rubens Borba de Moraes
Página de Recordação • Geraldo Ferraz
O Sérgio que Conheci • Caio Porfirio Carneiro
Sérgio Milliet • Paulo Bomfim

Cartas de Amigos...
Obra de Sérgio Milliet: Bibliografia

Boletim Bibliográfico

Volume XXXII *(out.-dez. 1972)*

COLABORAÇÃO ORIGINAL

Hemingway e a "Geração Perdida" • Nelson Salasar Marques
Comunicação e Incomunicabilidade • Benedicto Luz e Silva
Uma Biblioteca Notável • Everardo Tibiriçá
O Lobato que Conheci • Hernani Ferreira
Descartes e Jarpers: Dois Apontamentos • Péricles Prade

LIVROS E AUTORES

O Ontem
A Vida e os Versos de Alceu Wamosy • Mansueto Bernardi
O Livro e a Educação • Moisés Gicovate
O Hoje
São Paulo – Poetas e Prosadores • Hermann José Reipert

REGISTRO BIBLIOGRÁFICO

De Obras Publicadas em 1969, 1970, 1971, 1972, e Incorporadas Ao Acervo da Biblioteca Municipal Mário de Andrade.

Boletim Bibliográfico

Volume XXXIII *(out.-dez. 1973)*

COLABORAÇÃO ORIGINAL

De Palos a Guanahani • Caio Porfírio Carneiro
Quintino Cunha, o Foragido da Tristeza • Everardo Tibiriçá
Alexandre Hummel, um Grande Sábio • Benedicto Pires de Almeida
A Obra de Cervantes e o Espírito do Tempo • Eduardo Sucupira Filho
As Minhas Vozes da Terra • Paulo Dantas
Brecht e Proust – Anotações à Margem do Espetáculo e da Leitura • Péricles Prade

LIVROS E AUTORES

O Ontem
O Trem Azul • Mário de Andrade
O Hoje • Hermann José Reipert
Um Poeta Diferente – o Elo – o Nada
e o Infinito – Deste Lado do Horizonte
Alicerces

REGISTRO BIBLIOGRÁFICO

De Obras Publicadas em 1970, 1971 e 1972, e Incorporadas Ao Acervo da Biblioteca Municipal "Mário de Andrade".

Boletim Bibliográfico

Volume XXXIV *(jan.-dez. 1974)*

COLABORAÇÃO ORIGINAL

A Didática da Aventura • Cassiano Nunes
O que Devemos ao Sistema Braille • Aires da Matta Machado Filho
O Haicai na Poesia Brasileira • Fernando Soares
A Poesia Estrutural de João Cabral • Nelson Salasar Marques

Lucidez Até o Fim • Luz e Silva
O Livro e a Industrialização • Tito Batini
Depoimentos • Eunice Arruda
Cassiano, Algo do Homem Diante do Poeta
• Hernâni Donato
A Propósito de um Artigo e de Uma Carta
• Brasil Bandecchi
Paraíso Comprometido • Hermann José Reipert
Uma Educação Mineira: Travessia de Joaquim de Sales • Alexandre Eulálio

LIVROS E AUTORES
O Ontem
"As Aves" (Palestra Pronunciada em 1915)
• Ricardo Gonçalves
Apresentação de Everardo Tibiriçá
O Hoje
"Mate É a Cor da Viuvez", o Casarão, Poemário, Verão no Aquário.
O Ingrato • Pedro Wilson de Mello

REGISTRO BIBLIOGRÁFICO
De Obras Incorporadas Ao Acervo da Biblioteca Municipal "Mário de Andrade"

Boletim Bibliográfico

Volume XXXV (jan.-dez. 1975)

COLABORAÇÃO ORIGINAL
Há Dois Anos, Cassiano Ricardo • Nelly Novaes Coelho
O Exercício da Poesia • Elza Cunha de Vincenzo
Adonias Filho e a Ficção de 40 • Henrique L. Alves
A Flor e o Estandarte • Caio Porfírio Carneiro
Desconhecido Amigo de Machado Assis
• Everardo Tibiriçá
Visita a Bibliotecas Públicas Européias • May Brooking Negrão

LIVROS E AUTORES
O Ontem
Um Poema de Martins Fontes (Na Floresta da Água Negra) • Mello Nóbrega
O Hoje (Comentários)
"O Estar Aí...". o Firmamento no Universo Finito. "Campos Sales – Uma Biografia". "A Viagem". "Cristo de Cera". "O Peão Negro"
• Hermann José Reipert

REGISTRO BIBLIOGRÁFICO
De Obras Incorporadas Ao Acervo da Biblioteca Municipal "Mário de Andrade"

Boletim Bibliográfico

Volume XXXVI (jan.-jun. 1976)

COLABORAÇÃO ORIGINAL
Um Lance Triplo de Dados – Mallarmé-Campos-Pignatari-Campos • Alexandre Eulálio
Última Thule • Tassilo Orpheus Spalding
Hans Christian Andersen, o Escritor das Crianças
• Guttorm Hanssen
A Nova Poesia Brasileira em Antologia • Luz e Silva
Ribeiro Couto, Uma Experiência Poética Fragmentada • Nelson Salasar Marques
Perfil Histórico, Político e Cultural de Lydio Barbosa • Péricles Prade
Corpo-a-corpo com a Vida • João Antônio
Vicente de Carvalho, um Parnasiano? • Aristeu Bulhões
Rememorando Paulo Gonçalves • da Rosa Ferreira
Paulo Dantas – 40 Anos de Literatura • Antonio Possidôneo Sampaio
Como Conheci Paulo Setúbal • Brasil Bandecchi
Florbela Espanca: o Gênio do Soneto • Paulo Henrique Belfort Rolim

LIVROS E AUTORES
O Ontem
Um Século Contempla a Livraria Teixeira
• Everardo Tibiriçá
O Hoje
"O Escritor, na Força de Sua Linguagem". "Uma Editora e Quatro Livros". "Autor em Solidão". "3 Motivos + 1". "Madrugada". "Ânua". "A Morte da Tempestade". "Um Deus Vigia o Planalto". "O Tecedor do Tempo"
• Hermann José Reipert

REGISTRO BIBLIOGRÁFICO

De Obras Incorporadas Ao Acervo da Biblioteca Muncipal Mário de Andrade

Boletim Bibliográfico

Volume XXXVII (jul.-dez. 1976)

COLABORAÇÃO ORIGINAL

Introdução • Os Editores

Monteiro Lobato • José Geraldo Vieira

O Mágico das Sobrancelhas em Til • Stella Carr

Monteiro Lobato, Promotor Público • Enéas Athanázio

Lobato, um Cético que Acreditou no Brasil • Ibiapara Martins

Monteiro Lobato: um Futurólogo das Ciências Psíquicas e Seu Equívoco Filosófico • Paulo Henrique Belfort Rolim

Lobato, Enxadrista • Antônio Olavo Pereira

Lobato e a Academia • Henrique L. Alves

Lembranças Próximas e Afetos Quentes do Mestre e Amigo Lobato • Paulo Dantas

Alguma Correspondência de Lobato • Brasil Bandecchi

Monteiro Lobato e a Sobrevivência • Carlos Heitor Castello Branco

Respingando • Noemí do Val Penteado

Romanceiro de Lobato • Paulo Bomfim

A Vida de Monteiro Lobato (Literatura de Cordel) • Rodolfo Coelho Cavalcante

O Mundo Encantado de Monteiro Lobato (Samba Enredo) • Escola de Samba da Mangueira

DE LOBATO

Porteira da Fazenda (Aquarela Pertencente ao Acervo de Carlos Heitor Castelo Branco)

Confissões Ingênuas

Primeira Crônica Teatral (Publicada Pelo Autor em 31 de Agosto de 1903, no "Onze de Agosto", Jornal dos Alunos da Faculdade de Direito de São Paulo) • Monteiro Lobato

REGISTRO BIBLIOGRÁFICO

(Bibliografia de e sobre Monteiro Lobato)

Boletim Bibliográfico

Volume 38 (jan.-jun. 1977)

COLABORAÇÃO ORIGINAL

Trigésimo Aniversário da Morte de Mário de Andrade

Mário de Andrade: Fato Aberto e Discurso Carnavalesco • Mário Chamie

Sesquicentenário de Dom Pedro II • (Sem Autor)

Na Abertura da Mostra Tempo e Dom Pedro II • Alexandre Eulalio

Catálogo da Exposição • Rosina Lasalvia

A Educação dos Príncipes • Heitor Lyra

Renan e o Imperador do Brasil • Lidia Besouchet

LIVROS & AUTORES

Em Torno de Oito Livros • Lélia Coelho Frota

REGISTRO BIBLIOGRÁFICO

Boletim Bibliográfico

Volume 39 (jan.-jun. 1978)

COLABORAÇÃO ORIGINAL

Semana Mário de Andrade 1977:

Mário de Andrade: Turista Aprendiz

Aprendiz de Fotógrafo • Telê Porto A. Lopez

Catálogo da Exposição "Mário de Andrade:

Aprendiz de Fotógrafo

Catálogo da Exposição "Mário de Andrade Turista Aprendiz

OUTROS TEMAS

Em Torno da Ficção • Fábio Lucas

Boletim Bibliográfico

Volume 39 (n. 3-4, jul.-dez. 1978)

Crônica das Bibliotecas: Anselmo de Souza

COLABORAÇÃO ORIGINAL

Abolição 90 Anos: 1888-1978

Catálogo da Exposição • Rosina Lasalvia

OITENTA ANOS DE SÉRGIO MILLIET

Reencontro com Sérgio Milliet • Henrique L. Alves

Sérgio Milliet, o Amigo • Luís Martins

Sérgio Milliet, o Crítico • Antonio Candido

Aureliano Revisitado • Alexandre Eulálio

LIVROS & AUTORES

Em Torno da Ficção • Nogueira Moutinho

REGISTRO BIBLIOGRÁFICO

Relatório dos Presidentes da Província de São Paulo (Império) • Rofran Fernandes

Boletim Bibliográfico

Volume 40 (n. 1-4, jan.-dez. 1979)

Crônica das Bibliotecas • Anselmo de Souza

COMEMORAÇÃO DOS 80 ANOS DE PAULO DUARTE

Departamento de Cultura: Vida e Morte de Mário de Andrade • Paulo Duarte

O Patrimônio Histórico e Artístico Nacional, o Departamento de Cultura, Paulo Duarte e Outros Assuntos em Cinco Cartas Inéditas de Mário de Andrade e Rodrigo Mello Franco de Andrade.

Apresentação de Lélia Coelho Frota: Mário de Andrade

Abençoado Quixotismo • José E. Mindlin

Evocação de um Passado Recente • Florestam Fernandes

Generosas Obsessões • Antonio Candido

O Incômodo Paulo Duarte • Carlos Drummond de Andrade

Discurso na Reunião Anual da Sociedade Brasileira para o Progresso da Ciência, Realizada em Fortaleza, Julho de 1979 • Paulo Duarte

COLABORAÇÃO ORIGINAL

Mário de Andrade Anotando "A Bagaceira" • Neusa Quirino Simões

Dois Livros de História: os Outonos de Nabuco e da Idade Média • Pedro Octavio da Cunha

LIVROS & AUTORES

A Narrativa em Questão: "Autran Dourado: Uma Leitura Mítica", "A Mesa dos Inocentes", "Galvez, Imperador do Acre", "Mentira dos Limpos", "Peixes Deitados de Lado", "Memórias de um Setembro na Praça" e "A Hora da Estrela" • Fábio Lucas

REGISTRO BIBLIOGRÁFICO

Biblioteca Mário de Andrade: Listagem de Revistas e Jornais Correntes

Boletim Bibliográfico

Volume 41 (n. 1-2, jan.-jun. 1980)

COLABORAÇÃO ORIGINAL

A Presença do Brasil na Vida e Obra de Ferreira de Castro • Nelly Novaes Coelho

Minha Gente, Tire Verso: Cantos de Trabalho na Cultura do Fumo em Arapiraca, Alagoas • Maria Zélia Galvão de Almeida

Primeiros Informantes das "Coisas" do Brasil • Yolanda Lhullier dos Santos

REGISTRO BIBLIOGRÁFICO

Atualização do Acervo da Biblioteca Mário de Andrade: Livros

Boletim Bibliográfico

Volume 41 (n. 3-4, jul.-dez. 1980)

Crônicas das Bibliotecas

COLABORAÇÃO ORIGINAL

Modernismo e Literatura em Antonio de Alcântara Machado (Uma Exposição Didática) • Nádia Batella Gotlib

Os Poemas Infantis de Cecília Meireles • Zélia de Almeida Cardoso

Álbuns de Viajantes que Estiveram no Brasil, na Primeira Metade do Século XIX • Rosemarie Erika Horch

INTERNATIONAL STANDARD BOOK NUMBER (ISBN)

Sistema ISBN: Biblioteca Nacional

Sistema ISBN: Histórico; ISBN em Diversos Países; ISBN no Brasil • Alfida Silva de Andrade

ISBN Incorporado às ISBDS e aos Controles Computacionais • Dinah Aguiar Población

REGISTRO BIBLIOGRÁFICO

Atualização do Acervo da Biblioteca Mário de Andrade: Livros

Boletim Bibliográfico

Volume 42 (n. 1, jan.-mar. 1981)

O Problema das Bibliotecas Brasileiras • Rubens Borba de Moraes

Rubens Borba de Moares: Trabalhos Existentes no Acervo da Biblioteca Mário de Andrade

AFRICANIDADE: CONSCIÊNCIA E EXPRESSÃO

Literaturas Africanas: Generalidades e Individualidades • Marlisa Pimentel Quaye

Notas à Margem de Uma Antologia de Poesia Africana: no Reino de Caliban II • Maria Aparecida Santilli

Poesia na Ficção Angolana de Combate • Carmen Lydia de Souza Dias

Literatura Africana: Levantamento Bibliográfico no Acervo da Biblioteca Mário de Andrade

COLABORAÇÃO ORIGINAL

Aspectos da Literatura Infantil de Monteiro Lobato • Nilce Sant'Anna Martins

Luís dos Santos Vilhena: um Historiador do Brasil Colonial • Brasil Bandeschi

Macunaíma: a Arte Como Resistência • Sandra Guardini Teixeira Vasconcelos

Preservação e Restauração • Percy Longo Filho/ Edna Maciel da Silva

Um Romance-libelo • Hélio Lopes

A Biblioteca de Otto Maria Carpeaux • Fábio Lucas

AUTORES & LIVROS

O Espaço do Jogo ("Maracanã, Adeus"/ Por Edilberto Coutinho; "Os Inventores Estão Vivos"/ Por Ricardo Ramos; "Livro de Histórias"/ Por João Ubaldo Ribeiro.) • Jorge de Sá

Boletim Bibliográfico

Volume 42 (n. 2, abr.-jun. 1981)

Colóquio sobre Carlos Drummond de Andrade Universidade da Califórnia, Estados Unidos

A Crônica de Carlos Drummond de Andrade • Antônio Dimas

De "Viola de Bolso" a "Versiprosa": o Cotidiano Tornado Poesia • Rita de Cássia Barbosa

COLABORAÇÃO ORIGINAL

O Resto da Metafísica: Análise da "Tabacaria" de Fernando Pessoa • Vilma Arêas

Aspectos Genéricos da Toponímia Indígena Brasileira e sua Distribuição Linguística • Maria Vicentina de Paula Amaral Dick

Livros do Nordeste: Edições, Reedições e Distribuição • Neroaldo Pontes de Azevêdo

O Lugar do Poeta/ Editor João Martins de Athayde • Ruth Brito Lêmos Terra

A Presença do Negro na Literatura Brasileira • Eduardo de Oliveira

AUTORES & LIVROS
Puracaçára: Poesia e Ficção.
O Itinerário dos Imigrantes • Celso Japiassu
Amaramigos • Juju Campbell Penn
A Legião dos Suicidas • Celso Japiassu
Devastação • Pedro Paulo de Sena Madureira
Bagagem • Adélia Prado
Obra Poética I • Carlos Nejar
A Rainha Arcaica – Olga Savary • Ivan Junqueira

REGISTRO BIBLIOGRÁFICO
Atualização do Acervo da Biblioteca Mário de Andrade

Boletim Bibliográfico

Volume 42 (n. 3, jul.-set. 1981)
Número Especial: Lima Barreto

Excertos do Prefácio de "Histórias e Sonhos" • Lima Barreto
Lima Barreto, Precursor do Romance Moderno • Francisco de Assis Barbosa
A Sereia • Coelho Neto
Lima Barreto • A. J. Pereira da Silva
A Morte do Mestre • Enéas Ferraz
Lima Barreto • Tristão de Athayde
Lima Barreto que Eu Conheci • José Vieira
Lima Barreto • Sérgio Milliet
Lima Barreto na Academia • Josué Montello
Lima Barreto: a Utopia e o Navegante • Zenir Campos Reis
Lima Barreto e a Primeira República • Maria Zilda Ferreira Cury
Lima Barreto, Obra e Contexto: "Um Mulato No Reino de Jambon", de Maria Zilda Ferreira Cury e "Por que Lima Barreto", de Paula Beiguelman • Maria Célia de Moraes Leonel
Lima Barreto: Levantamento Bibliográfico na Biblioteca Mário de Andrade

REGISTRO BIBLIOGRÁFICO
Boletim Bibliográfico Biblioteca Mário de Andrade: Breve Histórico • Rofran Fernandes
Atualização do Acervo da Biblioteca Mário de Andrade: Livros

Boletim Bibliográfico

Volume 42 (n. 4, out.-dez. 1981)

Crônicas das Bibliotecas • May Brooking Negrão

MÁRIO DE ANDRADE
Dedicatória a Mário de Andrade • Neusa Quirino Simões
Amar, Verbo Intransitivo: um Idílio Às Avessas • Diléa Zanotto Manfio

COLABORAÇÃO ORIGINAL
A Indisciplina do Real nos Contos de Lygia Fagundes Telles • Jorge de Sá
Capitão Bernini: um Fragmento Inédito do Romance de Antonio de Alcântara Machado • Cecília de Lara/ Mário Carelli
Biblioteca, Veículo para o Desenvolvimento da Indústria Editorial • Cecília Andreotti Atienza
Graciliano: Galhos • Raúl Antelo
Testemunhos Artísticos do Brasil Seiscentista na Normandia • Yollanda Lhullier dos Santos

AUTORES & LIVROS
Conheça Josué Guimarães • Maria Célia de Moraes Leonel
A Presença do Fantástico em os Tambores Silenciosos de Josué Guimarães • Marilda A. Balieiro Ikeda

Boletim Bibliográfico

Volume 43 (n. 1-2, jan.-jun. 1982)

A Sociedade à Época de Lobato • Joaquim Inojosa
Lobato e a Criação Literária • Alfredo Bosi
O Nacionalismo de Lobato • Paulo Dantas
Vida, Paixão e Morte de Lobato • Silveira Peixoto
A Correspondência de Monteiro Lobato • Cassiano Nunes
A Ficção de Monteiro Lobato para Adultos • Nilce Sant'Anna Martins
Monteiro Lobato e a Expressão Brasileira • Edith Pimentel Pinto

Monteiro Lobato: as Raízes Regionais • Rolando Morel Pinto
Monteiro Lobato e a Ficção para Crianças • Nelly Novaes Coelho
Literatura Infantil e Libertação • Amaury Mário Tonucci Sanchez

INÉDITOS
Cinco Cartas Inéditas do Marquês de Pombal • Maria Imaculada Forlani Barros

REGISTRO BIBLIOGRÁFICO
Atualização do Acervo da Biblioteca Mário de Andrade

Boletim Bibliográfico

Volume 43 (n. 3-4, jul.-dez. 1982)

Existência ou Inexistência de Uma Literatura Especificamente Feminina • Jeanne-marie Gagnebin
Clarice Lispector: a Mulher e a Literatura (Esboço de um Itinerário Crítico) • Nádia Batella Gotlib
Os Hospícios de M. L. C.: Anotações • Ângela Senra
Uma Voz Feita para Falar: Maria Lacerda de Moura • Myriam Moreira Leite
As Mulheres-sós de Orlanda Amarilis • Maria Aparecida Santilli
Florbela: os Sortilégios de um Arquétipo • Maria Lúcia Dal Farra
A Mulher e o Texto da Intimidade • Ligia Averbuck
A Presença da Nova Mulher na Ficção Brasileira Atual • Nelly Novaes Coelho
A Donzela Guerreira: Distingüindo • Walnice Nogueira Galvão
Presença Feminina em Eça de Queirós • Beatriz Berrini
A Figura Feminina no Livro de Viagem-ilustrado do Século XVI • Yolanda Lhullier dos Santos
Cacos para um Vitral: Explicação de Poesia Sem Ninguém Pedir • Thereza de Jesus Pires Vara
"Os Estágios" e a Abordagem do Poema pela Autora • Henrique Lisboa

POEMA INÉDITOS
A Terceira Via • Adélia Prado
Cantares de Perda e Predileção: I e LXIX • Hilda Hilst
O Vale das Rainhas: I e V • Ilka Brunhilde Laurito
Rito • Kátia Bento
Dolores • Lucia Villares
Cynthia • Lucia Villares
Sem Escolha • Olga Savary
Cruzeiro Marítimo • Renata Pallotini

PESQUISA
A Imagem da Mulher Através dos Livros Didáticos • Regina Pahim Pinto

REGISTRO BIBLIOGRÁFICO
Poesia. Levantamento Bibliográfico: Autoras e Obras. Acervo da Biblioteca Mário de Andrade

Boletim Bibliográfico

Volume 44 (n. 1-4, jan.-dez. 1983)

O Texto em Silêncio • Lucrécia D'Aléssio Ferrara
Ler com os Ouvidos • Laymert Garcia dos Santos
Mar Íntimo: Uma Introdução a Limite de Mário Peixoto • Stella Senra
Leitor: de Analisador a Reconstrutor • Mary A. Kato
A Paixão Crítica • João Alexandre Barbosa
Leitura Crítica e Leitura Ideológica • Carlos Reis
A "Aventura Crioula" de Manuel Ferreira • Benjamin Abdala Júnior
Um Milagre da Virgem • Segismundo Spina
A Leitura da Leitora: Stella Leonardos • Maria Aparecida Santilli
Bacharéis em Luta: Literatura e Sociedade na Geração de 1870 Brasileira • Roberto Ventura
Da Razão Antropofágica: Diálogo e Diferença na Cultura Brasileira • Haroldo de Campos

PESQUISA
A Bibliografia Latino-americana na Coleção Marinetti • Jorge Schwartz

REGISTRO BIBLIOGRÁFICO
Atualização do Acervo da Biblioteca Mário de Andrade

Boletim Bibliográfico

Volume 45 (n. 1-4, jan.-dez. 1984)

PALAVRAS DE BORGES
Borges em São Paulo
Apresentação e Estabelecimento do Texto • Vicente Cechelero/ Laura J. Hosiassen
Borges e Camões
Apresentação • Celso Lafer
Borges e Fernando Pessoa
Tradução e Apresentação • Jorge Schwartz

PRIMEIRAS VOZES CRÍTICAS
Literatura Modernista Argentina III • Mário de Andrade
O Mundo Fantástico de J. L. Borges • Otto Maria Carpeaux
O Bestiário Fabuloso de J. L. Borges • Alexandre Eulálio
Introdução a Borges Como Deus e Como Labirinto • Fausto Cunha
Jorge Luis Borges • Augusto Meyer

LEITURAS CONTEMPORÂNEAS
Da Fama e da Infâmia (Borges no Contexto Literário Latino-americano) • Davi Arrigucci Jr.
Borges/ Brasil • Raúl Antelo
Borges, Autor das Mil e Uma Noites • Eneida M. de Souza
"El Golem": Re-escritura de Uma Lenda Judaica • Zipora Rubinstein
J. L. Borges, o Último Criador de Mitos • Bela Josef

EM TORNO DA TRADUÇÃO
Borges e Joyce (Via Salas Subirat, Antonio Houaiss e Haroldo de Campos) • Jorge Schwartz
O Hemisfério Lunar de Borges, Numa Leitura à Luz da Tradução • Vera M. de Campos

DEPOIMENTOS
Borges • Silviano Santiago
Quase Borges • Augusto de Campos

PESQUISA BIBLIOGRÁFICA
J. L. Borges no Minas Gerais • Vânia B. dos Santos

Boletim Bibliográfico

Volume 46 (n. 1-4, jan.-dez. 1985)

A CRÔNICA: TEORIA E HISTÓRIA DO GÊNERO
A Estampa da Rotativa na Crônica Literária • Luiz Roncari
Voláteis e Versáteis, de Variedade e Folhetins se Fez a Chronica • Marlyse Meyer
Fragmentos Sobre a Crônica • Davi Arrigucci Jr.

LEITURAS DE CRONISTAS BRASILEIROS
Os Folhetins de Martins Pena • Vilma Arêas
José de Alencar: Folhetins Dispersos • João Roberto Faria
Crônica/ Mulher, Mulher/crônica • Dulcília H. S. Buitoni
As Rugas de João do Rio • Raúl Antelo
A Correspondência do Piques • Vera Maria Chalmers
Crônicas de um Falso Drummond • Rita de Cássia Barbosa

DOCUMENTAÇÃO: TEXTOS DISPERSOS
Folhetins Dispersos de José de Alencar • Seleção de Textos: João Roberto Faria
Crônicas de Antonio Crispim no Minas Gerais (1930-1931) • Seleção de Textos: Rita de Cássia Barbosa

Graciliano Ramos e a Constituinte de 46
• Seleção de Textos e Apresentação: Yêdda Dias Lima/ Graciliano Ramos

PESQUISA BIBLIOGRÁFICA
A Crônica: Uma Bibliografia Comentada
Coordenação • Nádia Battela Gotlib

Boletim Bibliográfico

Volume 47 (n. 1-4, jan.-dez. 1986)

PERSPECTIVAS DO COMPARATIVISMO
O Lugar da Literatura Comparada na América Latina (Preliminares de Uma Reflexão) • Tania Franco Carvalhal
Literaturas em Português: Poética e Gramática • Maria Aparecida Santilli
A Estrutura Musical do Romance – o Caso Erico Verissimo • Silviano Santiago
Em Torno da Literatura Comparada • Sandra Nitrini

TRADUÇÃO/TRANSCRIAÇÃO
Tradução, Comparação e História Literária: Nas Trilhas de Augusto Meyer • João Alexandre Barbosa
Tradução: "Fidelidade Filológica" e "Fidelidade Estilística" • Boris Schnaiderman
Minha Relação com a Tradução é Musical • Entrevista de Haroldo de Campos a Rodrigo Neves

APROPRIAÇÕES BRASILEIRAS
Aires, o Diabo e Suas Apostas • Dirce Cortes Riedel
Poe e Machado: Cont e Catástrofe • Flávio Aguiar
Casos de Romualdo: um Achado Paródico • Ligia Chiappini Moraes Leite
A Magnólia e a Jandaia: de Chateaubriand a Alencar • M. Cecília de Moraes Pinto
Uma Novela Brasileira em 1830

Boletim Bibliográfico

Volume 48 (n. 1-4, jan.-dez. 1987)

ALGUMAS PERSPECTIVAS ANALÍTICO-CRÍTICAS
Paganismo e Cristismo em Fernando Pessoa • Luís de Sousa Rebelo
O Interxtexto em Pessoa, ou Melhor: o Interpessoa; ou Melhor; Nós • E. M. de Melo e Castro
A Questão do Autor do Livro do Desassosessego • Leyla Perrone-Moisés
O Brincar de Roda numa Ode de Ricardo Reis • M. Helena N. Garcez
O Horaciano Ricardo Reis • Silvio Elias
Fernando Pessoa e o Estado Novo • João Rui de Sousa

APROXIMAÇÕES COM A LITERATURA BRASILEIRA
Vanguarda e Subdensenvolvimento: Respostas de Fernando Pessoa e Mario de Andrade • Regina Zilverman
Fios Pessoanos na Poesia Brasileira • Tania Franco Carvalhal
Vibrações ou Convergências Pessoanas na Poesia Brasileira Contemporânea • Nelly Novaes Coelho

PESSOA E A AMÉRICA LATINA
Octavio Paz y Fernando Pessoa: Un Dialogo em la Tradición Moderna • Manuel Ulacia
Vallejo y Pessoa: lo Poético, lo Político • Santiago Kovadloff
A Recepção de Fernando Pessoa: Argentina e México (Elementos para Seu Estudo) • Maria Fernanda de Abreu

PESQUISA BIBLIOGRÁFICA
Estudos Sobre a Obra de Fernando Pessoa no Brasil • João Alves das Neves

Boletim Bibliográfico

Volume 49 (n. 1-4, jan.-dez. 1988)

LITERATURAS AFRICANAS

O Problema da Autonomia e da Denominação da Literatura Angolana • Fernando A. A. Mourão

Autonomia e Dependência das Literaturas de Expressão Portuguesa • Fábio Lucas

Literaturas de Língua Portuguesa: com as da África Entre Nós • Maria Aparecida Santilli

Nicolas Guillén e o Surto da Moderna Poesia Africana de Língua Portuguesa • Manuel Ferreira

Angola e Brasil: um Diálogo de Diferenças • Rita de Cassia Natal Chaves

Mayombe – Uma Literatura em Movimento • Maria Aparecida Baccega

Palm-wine Drinkard e a Evolução Estética da Literatura Africana • Lynn Mario T. M. de Souza

LITERATURA BRASILEIRA

O Negro e a Literatura Brasileira • Domício Proença Filho

Em Torno da Literatura Negra Brasileira • Zila Bernd

Cor e Cordialidade • Donaldo Schüler

Isaura, a Escrava Excepcional • Renato Cordeiro Gomes

Protagonista Negro na Literatura Brasileira • Virginia Maria Gonçalves

A Poesia Satírica de Luiz Gama • Roberto O. Brandão

Notícia Sobre Autores Negros na Literatura Gaúcha • Oliveira Silveira

LITERATURAS LATINO-AMERICANAS

Leituras Sincrônicas: Cruz e Souza em Jaimes Freyre • Raúl Antelo

Escravidão e Cimarronagem na Literatura Cubana • Irlemar Chiampi

La Littérature Haitienne • Maximilien Laroche

Itinerário da Literatura das Antilhas

Guianna Francesa: do Projeto Colonial à Consciência Nacional • Diva Barroso Damato.

Revista da Biblioteca Mário de Andrade

Edição Comemorativa dos 50 Anos (1992)

Biblioteca Mário de Andrade: o Velho e Novo • Marilena Chauí

Reforma e Revitalização da Biblioteca Mário de Andrade • Lúcia Neíza Pereira da Silva/ Silvana Santopaolo

Os Bons Tempos dos "Adoradores da Estátua" • Manoel Carlos

A Biblioteca e os Bares na Década de 50 • Bento Prado Jr.

Bagagem Avoenga • Pedro Morato

Novíssima Canção do Exílio • Bento Prado Jr.

Imitação de Borges • Manoel Carlos

A Biblioteca de Babel • Jorge Luis Borges

Toda a Memória do Mundo • Silviano Santiago

Conversa entre Fantasmas (Brito Broca e os Americanos) • Davi Arrigucci Jr.

A Paixão pelos Livros e a Formação de uma Biblioteca Particular • José Mindlin

Como se Formou Minha Biblioteca • Wilton Cardoso de Souza

O Engenheiro, o Bibliotecário e o Sentido de um Projeto Cultural • Rubens Borba de Morais

A Biblioteca Municipal Mário de Andrade: Nossa "Caverna-de-tesouros" • Nelly Novaes Coelho

Mário de Andrade e a Cidade de São Paulo: Aspectos • Valentim Facioli

Mário e a Música • José Miguel Wisnik

Os Bastidores Vêm à Cena: Uma Leitura de *O Ladrão* de Mário de Andrade • Ivone Daré Rabello
Matrizes/marginália/manuscritos • Telê Ancona Lopes
São Paulo: Imaginário e Preservação • Edgard de Assis Carvalho
Conhecimento do Novo Mundo em Livros Europeus do Século XVI • Rosemarie Erika Horch
Biodeterioração dos Documentos • Alice Carmargo Guarnieri
Memória Musical e Musicologia Histórica • Regis Duprat
Restauração e Conservação em Pintura • João Evangelista B. R. Silveira
Arte e Mudanças Sócio-políticas no Brasil • Walter Zanini
Antônio Garcia Moya e Sua Arquitetura Visionária • Marta Rossetti Batista
A Volta do Museu da Solidariedade • Aracy Amaral
O Cenário e o Espaço do Trabalho: Representações da Modernidade na Produção Cultural Brasileira (1900-1922) • Annateresa Fabris
Bandeirantes da Cultura Brasileira: Sérgio Milliet e Maria Eugênia Franco • João J. Spinelli

Revista Biblioteca Mário de Andrade

Edição Comemorativa, n. 51 (1993)
Centenário de Nascimento de Mário de Andrade

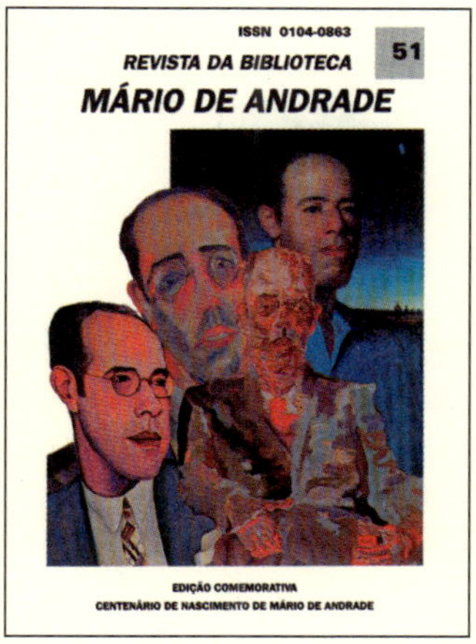

Anitoca Queriquerida • Marta Rosseti Batista
As Cartas Mais Antigas de Mário de Andrade • Jácomo Mandatto
Meu Caro: Cartas de Mário de Andrade a Cândido Portinari • Annaresesa Fabris
De Mário para Tarsila • Aracy Amaral
Carta Aos Mineiros • Eneida Maria de Souza
Outra Biblioteca • Luis Milanesi
Ilusões Modernistas • Iná Camargo Costa
O Poeta Itinerante • Antonio Candido
A Representação do Sujeito Lírico na Paulicéia Desvairada • João Luiz Lafetá
Histórias de um Mário Pouco Celebrado: Tentativa de Interpretação do Contista Mário de Andrade • Ivone Daré Rabello
Arte de Contar • Antonio Manoel dos Santos Silva
Macunaíma na Prática de Doutores e Saúvas • Maria Augusta Fonseca
Mário de Andrade: a Imaginação Estrutural • Haroldo de Campos
Mário de Andrade e Elsie Houston • Jorge Coli
O Colecionador e a Coleção • Gilda de Mello e Souza
Os Artistas Exemplares de Mário Andrade: Segall, Portinari e Graciano • José Augusto Avancini
Mário de Andrade em Revista: um Palco de Tensões • Hilda Orquídea Hartmann Lontra
O Crítico no Rio: um dos Trezentos, Trezentos e Cinqüênta Mários • Sonia C. Vollet Sachs
Da Vista à Visão, de Mário de Murilo • Raúl Antelo
Relendo Mário de Andrade • José Bento Faria Ferraz
Mário de Andrade: Bibliografia

Revista da Biblioteca Mário de Andrade

Imagens Literárias de São Paulo e Preservação de Bens Culturais, n. 52 (1994)

IMAGENS LITERÁRIAS DE SÃO PAULO
Passeio Ficcional por São Paulo • Norma Seltzer Goldstein

Imagens de São Paulo na Poesia de Mário de Andrade • Roberto Oliveira Brandão
Mário: Alguns Comentários à Contraluz • Vilma Arêas
Uma Literatura de Pobre • Salete de Almeida Cara
Caleidoscópio Oswaldiano • Fábio Lucas
Representações de Migrantes e Imigrantes: o Caso de Juó Bananére • Carlos Eduardo Schmidt Capela/K. U. Leuven
Cara e Coroa • Berta Waldman
A Matéria Dura • Terra Roxa: Raúl Antelo
Pelas Frinchas do Real • Guaraciaba Micheletti

PRESERVAÇÃO
Preservação de Bens Culturais • Benedito Lima de Toledo
A Importância da Conservação Preventiva • Luiz A. C. Souza
A Encadernação Como Fator de Conservação do Livro • Guita Mindlin
Conservação e Restauro de Obras de Arte em Suporte de Papel • Isis Baldini Elias
Restauração de Papel: a Conservação de um Álbum Sobre Viagem ao Brasil • Luiz Ângelo Mazzaro
Manual Básico de Processamento Fotográfico em Branco e Preto Visando a Longa Permanência • Michael Robert Alves de Lima
A Conservação de Esculturas dos Logradouros Públicos do Município de São Paulo • Renata Mercadante Becker
Pintura Mural no Brasil: o Início da Redescoberta • Júlio Eduardo Corrêa Dias de Moraes
A Sociedade e a Restauração • Domingo Isaac Tellechea
Preservação da Sétima Arte • Maria Fernanda C. Coelho
A Conservação de Material Arqueológico • Augusto Froehlich
A Conservação do Patrimônio Têxtil • Teresa Cristina Toledo de Paula
Bibliografia Sobre Conservação de Bens Culturais • Lucilene M. Bragion/Luis Antonio da S. M. Filho/Maria Christina B. de Almeida.

Revista da Biblioteca Mário de Andrade

N. 53 (1995)

IMAGENS SUBLIMADAS E PAPÉIS SOCIAIS DA MULHER
As Mil Faces da Mulher • Cristina Costa
Os Amores de Dom Quixote Pela Inigualável Dulcinéia ou Dulcinéia: a Mulher Mais Amada de Todos os Tempos? • Maria Augusta da Costa Vieira
A Imagem da Mulher no Século XVIII: Aventuras de Diófanes de Teresa Margarida • Nelly Novaes Coelho
A Sublimação da Mulher na Cena Burguesa (Segunda Metade do Século XIX) • Urquiza Maria Borges
Os Anjos Vão Ao Colégio: Rangel Pestana e a Educação Feminina • Maria Lucia S. Hilsdorf
Mulheres Entre Quatro Paredes: a Elite Cafeeira e o Divórcio em São Paulo, 1890/1930 • Maria Cecília Cortez Chrsitiano de Souza
A Cortesã como Educadora do Bom Gosto: Um Caso Exemplar na Modernização de São Paulo • Beth Brait
A Longa Espera • Miriam Lifchitz Moreira Leite

IMAGENS INDIVIDUALIZADAS EM PERSPECTIVA: NOVOS PAPÉIS DA MULHER
Redução de Horizontes e Ampliação de Consciências: Conto e Mulher na Ditadura de Franco • Valeria de Marco
Cinema, o Maior Agente Matrimonial do Século • Mary Enice Ramalho de Mendonça
Miss O'Hara, Feminista *Avant La Letre* • Gloria Carneiro do Amaral
Papéis de Mulher no Teatro Moderno • Iná Camargo Costa
Por que a Senhora Gosta Tanto de Novelas? • Samira Youseff Campedelli

IMAGENS DE CORPO INTEIRO: A MULHER AUTORA E ATRIZ
Utopia e Ideologia em o Quinze, de Rachel de Queiroz • Benjamin Abdala Jr.
Nem Ausência, Nem Desventura: Ser Poeta (A Poesia de Cecília Meirelles) • Nádia Battela Gotlib

A Imagem da Mulher: o Feminino na Ficção de Clarice Lispector • Beatriz Helena Ramos Amaral
Biografias Literárias • Eneida Maria de Souza
A Imagem da Mulher na Imprensa Feminina Brasileira: É Possível Sair do Padrão? • Ducilia H. Schroeder Buitoni

MEMÓRIA CUTURAL: PERSONALIDADES REVISITAS
Geração de 45: Cinqüenta Anos Depois
Geração de 45 • Ives Gandra da Silva Martins
Os Poetas e o Clube de Poesia • Geraldo Pinto Rodrigues
Geração de 45 • André Carneiro
Geração de 45 e o Parnasianismo • Milton de Godoy Campos
Geração de 45 – Variadas Vertentes • Maria Lúcia Pinheiro Sampaio
Eça de Queirós e a Imprensa Brasileira • Elza Miné
Oswaldo Goeldi, o Arauto da Liberdade • João Spinelli
Cassiano, o Paradoxal • Mário Chamie
Cassiano Ricardo: Uma Bibliografia Descritiva • Rizio Bruno Sant'Ana

Revista da Biblioteca Mário de Andrade

N. 54 (1996)

SIGNOS DA PAISAGEM PAULISTANA
A Poética da Verticaliade • Isabel M. M. Alexandre/Eichard Hugh Bente
Notas Sobre a Paisagem Urbana Paulista • Ana Fani Alessandri Carlos
Avenida Paulista: Imagens da Metrópole • Maria Margarida Cavalcanti Limena
Maria Antonia: Uma Transversal do Tempo • Irene de Arruda Ribeiro Cardoso/Franklin Leopoldo e Silva
Cartão-postal: o Imaginário da Cidade de São Paulo • Rubens Fernandes Junior
Pela Periferia da Metrópole: o Caso de Uma Cooperativa Imobiliária • Regina Célia Bega dos Santos

ATORES HISTÓRICO-CULTURAIS DA CIDADE
A São Paulo que Desapareceu com o Cheiro da Maçã • Júlio Moreno
Rita Lee e a Era das Cantoras na Canção Popular • Luiz Tatit
Discurso e História: o Herói Paulista • Diana Luz Pessoa de Barros
Teatro Municipal: o Palco de São Paulo • Roniwalter Jatobá
Teatro e Revolução nos Anos 60 • Iná Camargo Costa
São Paulo: Cinema e Cidade • Maria Dora Mourão
Artes Plásticas em São Paulo: Momentos • João J. Spinelli

LINGUAGENS: TRÂNSITO E PERMANÊNCIA
Em Trânsito • Maria Helena Nery Garcez
Viver o Centro • Jean-claude Bernardet
Luz: do Paraíso ao Caos Atual • Rubens Pereira dos Santos
A Gíria na Cidade Grande • Dino Preti
Nomes de Ruas de São Paulo • Maria Vicentina de Paula do Amaral Dick

POÉTICA PAULISTANA
Poetas Paulistas da Década de 60 • Modernismo e Modernidade: Claudio Willer
Mirian Paglia Costa, Poeta da Cidade • Benjamin Abdala Jr.
Haroldo Oral (Malmágica de Vagabundo) • Jerusa Pires Ferreira
Antologia Paulistana • Luís Camargo
Bibliografia da Poesia Paulista • Shirlene Vila Arruda

BIBLIOTECA MÁRIO DE ANDRADE
Como Definir Obras Raras: Critérios da Biblioteca Mário de Andrade • Rizio Bruno Sant'Ana

Revista da Biblioteca Mário de Andrade

N. 55 (1997)

CIDADE E CIDANIA

A Problemática do Imaginário Urbano • Ulpiano T. Bezerra de Meneses

A Síndrome de Inferioridade Cultural • Antonio Gouveia

Globalização, Tribalização e Reservas Naturais • Fábio Cascino

A Comunidade Ibero-afro-americana em Perspetiva • Benjamin Abdala Jr.

Treslendo o Futuro • E. M. de Melo e Castro

LEITURAS DA CIDADE

Cidade Desmedia • Nelson Brissac Peixoto

Globalização, Identidade e Memória na Metrópole Paulistana • Vitor J. B. Campos

D. Alice Não Mora Mais Aqui • Eduardo J. Rodrigues

Saudades da Cidade • Raquel Glezer

Imagens da Cidade, Imagens para o Mundo • Vânia Carneiro de Carvalho

Poesia Paulista Anos 90: Antologia • Luís Camargo

Drummond no País do Mato-fundo • Wander Melo Miranda

Mignone: Instantâneos • Achille Picchi

As Três Décadas do Desenho de Di Cavalcanti • Aracy Amaral

Vieira e o Reino deste Mundo • Alfredo Bosi

Vieira, Forma & Função • João Adolfo Hansen

BIBLIOTECA MÁRIO DE ANDRADE

Padre Antonio Vieira: Bibliografia Descritiva • Rizio Bruno Sant'Ana

Revista da Biblioteca Mário de Andrade

N. 56 (1998)

POESIA E ARTE DIGITAL

Poesia e Tecnologia • Arlindo Machado

Humanizar o Humano • E. M. de Melo e Castro

A Poesia Vista do Computador: Relato de Uma Viagem Ao Lado Poético da Tela • Alckmar Luiz dos Santos

A Negatividade do Positivo na Arte Digital • Teresa Labarrère

LEITURA EM TEMPO MIDIÁTICO

Leitura no Mundo Conteporâneo e Formação do Leitor • Ezequiel Theodoro da Silva

Políticas de Leitura e Formação do Leitor no Brasil • Regina Zilberman

Do Intertexto ao Hipertexto: as Paisagens da Travessia • Marisa Lajolo

A Internet e o Grande Sertão: a Internet Sob o Olhar de Riobaldo • Virgílio Fernandes Almeida

O Texto Literário e a Televisão: a Dança dos Gêranos nos Labirintos do Inferno • Ana Salles Mariano

SÉRGIO MILLIET E A MEMÓRIAL CULTURAL

Sérgio Milliet Visto Por Sérgio Milliet • Sérgio Milliet

O Idealizador de Museus de Arte Modena • João J. Spinelli

Sérgio Milliet e o Modernismo • Francisco Alambert

Um Olhar sobre a Pintura Moderna • Lisbeth Rebollo Gonçalves

Sérgio Milliet e a Crítica de Poesia • Sílvia Quintanilha

Sobre Futebol e Outras Metáforas • Regina Salgado Campos

MONTEIRO LOBATO, CIDADÃO E ESCRITOR

Duas Leituras de Lobato nos Anos 20 • Marcia Mascarenhas

Um dos Dínamos da Cultura Brasileira na Primeira Metade do Século • Nelly Novaes Coelho

A Obra Infanto-juvenil de Monteiro Lobato • Ana Mariza Ribeiro Filipouski

Lobato, Marco Zero • Maria Lúcia Pimentel de Sampaio Góes

BIBLIOTECA MÁRIO DE ANDRADE
Monteiro Lobato: Bibliografia Comentada • Rizio Bruno Sant'Ana

Revista da Biblioteca Mário de Andrade

N. 57 (1999)

IMAGENS DO TRABALHO E SOCIABILIDADE URBANA
Produção Cultural na Metrópole • Lúcia Helena Gama
Uma Outra Arquitetura • Salete de Almeida Cara
São Paulo Operária Sob a Ótica de Três Cronistas da Cidade: Mário de Andrade, Alcântara Machado e João Antônio • Rubens Pereira dos Santos
João Antônio, Cronista dos Pesadelos de São Paulo • Tânia Macedo
A Cidade da Mulher do Povo • Antonio Vicente Seraphin Pietroforte
Mercado de Trabalho, Gênero e Família no Brasil (1836-1996) • Eni de Mesquita Samara
Poesia e Trabalho na Literatura Brasileira do Século XX
Ecos da Atividade Humana na Poesia Penumbrista Brasileira • Norma Seltzer Goldstein
O Trabalho na Poesia de Jorge de Lima • Roberto de Oliveira Brandão
Imagens do Trabalho na Poesia Brasileira do Século XX • Luís Camargo

SÉCULOS XIX E XX: REPRESENTAÇÕES CLÁSSICAS DO TRABALHO EM AMBIENTES CITADINOS
Trabalho e Lazer n'*O Cortiço* • Ligia Vassalo
Trabalhos e Vida Moderna em *Caminhos Cruzados* • Maria Eunice Moreira
Juventude e Desemprego: um Lugar Ao Sol e a Ideologia do Trabalho • Maria da Glória Bordini

MIGRAÇÕES DA CULTURA POPULAR
Descobrir e Estudar a Cultura Popular na Cidade • Idelette Muzart Fonseca dos Santos
Entre o Mar e a Cidade: Conflitos, Memórias e Trabalhos em Comunidades Litorâneas do Nordeste • Andrea Ciacchi
A Baiana do Acarajé: Imagem do Real e do Ideal • Maria Lenilda David
Rumo à Cidade: Imagens do Trabalho e Migração no Nordeste • Julie Antoinette Cavignac
O Diplodocus e a Formiga Ou das Relações Entre Cultura Letrada e Cultura Popular • Eduardo Diatahy Bezerra de Menezes

BIBLIOTECA MÁRIO DE ANDRADE
Rubens Borba de Moraes e a Biblioteca Municipal de São Paulo • Ana Maria de Almeida Camargo
Rui, o Filho do Dr. João Barbosa • Lizir Arcanjo Alves
As Vozes da Rua na Poesia de Cecília Meireles • Glória Kirinus
Cecília Meireles: Cartas a Cortes-Rodrigues • Leila V. B. Gouvêa
Cecília Meireles e Portugal: Intertextualidades • Ana Maria Domingues de Oliveira
Bibliografia Crítica Comentada Sobre Cecília Meireles • Ana Maria Domingues de Oliveira

Revista da Biblioteca Mário de Andrade

N. 58 (2000)

ENTRE "CÉU" E "INFERNO": MARCAS DA COLONIZAÇÃO
As Caravelas do Imaginário • Ronaldo Lima Lins
Mestiçagem e Multiculturalismo na Construção da Identidade Cultural Latino-americana • Eduardo F. Coutinho
Quinhentos Anos Depois: Entre o Nacionalismo e a Globalização • José Luís Jobim
Flagrantes do Céu e do Inferno nas Visões Sobre o Brasil • Tânia Macedo
Novas e Antigas Textualidades/ Novos e Antigos Sentidos • Alckmar Luiz dos Santos

TEMPOS DE FORMAÇÃO: MARCAS DA FUNDAÇÃO E DE DISPERSÃO
Ecos do Brasil Colonial: a Plagiostropia em Anchieta • Maria dos Prazeres Mendes

A Fundação da Literatura Brasileira: *o Uruguai* e a Épica Brasileira do Século XVIII • Carlos Alexandre Baumgarten
Terra Fértil, Bom Selvagem • Lucia Helena
O Guarani: um Réquiem por Portugal • Paulo Motta Oliveira
A Geração de 70 do Século XIX e a Construção da História da Literatura • Luiz Roberto Cairo
Identidade Partilhadas: Fundação e Dispersão de Cenários Rosianos • Marli Fantini Scarpelli

OLHARES CRUZADOS: MARCAS EM HORIZONTES COMUNITÁRIOS

O Fascínio pela Língua e a Opção pelos Sonhos: Heranças, Marcas, Resistências • Carmen Lucia Tindó Ribeiro Secco
Desfocando Olhares no Processo de Colonização • Ivete Lara Camargos Walty
A Poesia de Stella Leonardos e a Memória Ancestral • Nelly Novaes Coelho
De Olhos no Chão e Búzios na Boca • Maria Lúcia Pimentel de Sampaio Góes
Descobertas de Torna-viagem, Sob o Olhar de Erico Verissimo • Gilda Santos/Emmanoel Santos
A *Canção do Exílio* e Sua Tradição • Luís Camargo

EÇA DE QUEIRÓS: UMA HOMENAGEM

Evangelhos Finisseculares: os Cristos de Eça de Queirós e de José Saramago • Aparecida de Fátima Bueno
Eça de Queirós: Passos de um Trajeto • Carlos Reis

BIBLIOTECA MÁRIO DE ANDRADE

Quinhentos Anos de História do Brasil: Bibliografia Comentada • Rizio Bruno Sant'Ana

Revista da Biblioteca Mário de Andrade

N. 59

PELAS MARGENS, MARCAS CRÍTICAS DE UMA INCERTA VIAGEM

Diversidade Cultural e Globalização • Maria Elisa Cevasco

Imagens da Exclusão: Beatriz Resende
O "Eu" Problemático da Diversidade Cultural • Ronaldo Lima Lins
A Indiferença e o Elogio da Diferença • Lucia Helena
Estudos Literários: Diversidade Cultural • Maria dos Prazeres Mendes
Viaje, Exilio y Escritura • Ana Pizarro
Relato de Uma Incerta Viagem • Marli Fantini Scarpelli

PELAS PERIFERIAS, MEMÓRIA E ESTATUTO COLONIAL

Revisitando a Mestiçagem • Haydée Ribeiro Coelho
De Estória à História: a Escrita Indígena no Brasil • Lynn Mario T. Menezes de Souza
Ana Jansen: Uma Figura de Mulher Entre o Imaginário e a História • Nelly Novaes Coelho
Diversidade: Alguns dos Temas Presentes na Literatura Infanto-juvenil Angolana • Tânia Macedo
Nas Águas da Memória: a Releitura do Passado • Carmen Lucia Tindó Ribeiro Secco
Um Português Cidadão do Mundo • Maria Helena Nery Garcez
Transição e Trânsitos Culturais em Macau • Mônica Simas

DA PERIFERIA ÀS MARGENS DO CENTRO

Saber Reversível, Direito à Diversidade • Luis Alberto Brandão Santos

Revista da Biblioteca Mário de Andrade

N. 60/61 (2002/2003)

Colofão

O mundo editorial tem um jargão próprio para designar as características físicas de suas publicações. Nessa edição da *Revista da Biblioteca Mário de Andrade*, relacionamos alguns termos correntes entre editores, livreiros e colecionadores, ou simplesmente entre aqueles leitores para quem a experiência intelectual é indissociável do prazer tátil proporcionado pelo livro – e que por isso lançam mão de um vocabulário específico para descrevê-lo.

- EX-LIBRIS – desenho ou bordão que os bibliófilos colam na contracapa de seus livros, indicando sua posse com um toque pessoal. Um dos ex-libris mais conhecidos no Brasil é o do bibliófilo José Mindlin, que aplica em seus livros a frase "Je ne fait rien sans gaité" (Não faço nada sem alegria), extraída dos *Ensaios* do escritor francês Michel de Montaigne.
- GUARDA – nos livros em capa dura, designa as páginas que reforçam o acabamento da encadernação, unindo a capa ao miolo; nos livros em capa mole, designa o verso da capa e da contracapa. Em ambos os casos, as folhas de guardas podem ser um elemento estético importante, se feitas em papel com textura ou cor diferente do miolo, ou se contiverem ilustrações.
- FRONTISPÍCIO – também chamado de "página de rosto", é a página ímpar que abre o livro, contendo título completo (e, se for o caso, o subtítulo), nome do autor e identificação da editora, da cidade

e do ano da edição. Em algumas edições, o frontispício é precedido de uma página ímpar contendo apenas o título da obra; essa página pode ser denominada "ante-rosto", "falsa folha de rosto", "falso frontispício" ou simplesmente "olho".

- VINHETAS – também chamadas "arabescos", são desenhos decorativos usados geralmente no alto da página ou na abertura de capítulos, singularizando o livro e dando uniformidade estética a suas páginas.
- COLOFÃO ou *CÓLOFON* – do grego *kolophôn* ("coroamento, término de uma obra"), é uma nota final que fornece informações técnicas sobre a gráfica, o lugar e a data da impressão. Eventualmente contém dados sobre papel e tipologia empregados na edição. Muitas vezes tem estilo rebuscado ou referência a alguma efeméride. O colofão desse número da *Revista da Biblioteca Mário de Andrade* é:

ESTA PUBLICAÇÃO FOI COMPOSTA EM JANSON PELA NEGRITO
PRODUÇÃO EDITORIAL E IMPRESSA EM PAPEL PÓLEN PRINT
PELA IMPRENSA OFICIAL DO ESTADO, EM JUNHO DE 2006,
50° ANIVERSÁRIO DA 1ª EXPOSIÇÃO NACIONAL DE ARTE CONCRETA
E DA PUBLICAÇÃO DE *GRANDE SERTÃO: VEREDAS*,
80° ANO DE FUNDAÇÃO DA BIBLIOTECA MUNICIPAL DE SÃO PAULO

Do Amazonas a Paris

O resgate das principais obras do pintor, desenhista e poeta brasileiro, Vicente de Rego Monteiro, pernambucano radicado em Paris, entre 1911 e 1957. Esta é a proposta da edição fac-similar de dois importantes livros desse período – *Lendas, crenças e talismãs dos índios do Amazonas* (1923) e *Algumas vistas de Paris* (1925).
De extraordinária beleza plástica, os títulos publicados em Paris e em francês, chegam ao público, acrescidos de tradução, das lendas, crenças e mitos das tribos indígenas do Amazonas.

É fácil comprar seu livro

no site
www.imprensaoficial.com.br/lojavirtual

io livraria

casa das rosas

Av. Paulista, 37 Cerqueira Cesar
01311-902 São Paulo SP
Tel. 11 3289 1791

Mais Informações
São Paulo: 11 6099 9725
Demais localidades: 0800 01234
livros@imprensaoficial.com.br

imprensaoficial CASA CIVIL GOVERNO DO ESTADO DE SÃO PAULO